Ljubav:

Ispunjenje Zakona

Ljubav:
Ispunjenje Zakona

Dr. Džerok Li

Ljubav: Ispunjenje Zakona od dr. Džeroka Lija
Objavile Urim knjige (Predstavnik: Sungnam Vin)
73, Yeouidaebang-ro 22-gil, Dongjak-gu, Seul, Koreja
www.urimbooks.com

ISBN (Međunarodni standardni broj knjige): 979-11-263-0577-3 03230

Prethodno objavljeno na Korejanskom 2009. od strane Urim Knjige (Urim Books)

Prvo izdanje, februar 2020.

Publicación previa: Corea 2009 por Libros Urim en Seúl, Corea

Uredila dr. Geumsun Vin
Dizajnirao urednički biro Urim Books
Štampa Prione Printing
Za više informacija molimo kontaktirajte: urimbooks@hotmail.com

„Ljubav ne čini zla bližnjemu;
dakle je ljubav izvršenje zakona."

Poslanica Rimljanima 13:10

Nadajući se da će čitaoci posjedovati Novi Jerusalim kroz duhovnu ljubav

Reklamna agencija iz Velike Britanije organizovala je kviz za javnost u kome su pitali koji je najbrži način da se putuje iz Edinburga, Škotska za London, Engleska. Oni su pripremili veliku nagradu za osobu čiji bi odgovor bio izabran. Odgovor koji je izabran je: „putovati sa voljenom osobom." Mi razumijemo da ako putujemo sa voljenim osobama, čak će i duge relacije izgledati kratke. Na isti način, ako m i volimo Boga, onda nije teško da praktikujemo Njegovu Riječ (1. Jovanova Poslanica 5:3). Bog nama nije dao Zakon i nije nam rekao da održavamo Njegove zapovijesti kako bi nam otežavao život.

Riječ „Zakon" potiče od Jevrejske riječi „Tora," koja ima značenje „statuta" i „lekcije." Tora se obično odnosi na Pentateuh koji uključuje Deset Božjih Zapovijesti. Ali „Zakon" se takođe odnosi na 66 knjiga Biblije kao cjelinu, ili samo na statute Božje koji nam govori da činimo, da ne činimo, ili da odbacimo određene stvari. Ljudi će možda misliti da Zakon i ljubav nisu povezani jedno sa drugim, ali one ne mogu biti odvojene. Ljubav pripada Bogu, i bez ljubavi prema Bogu mi ne možemo da održavamo Zakon u potpunosti. Zakon može da bude ispunjen samo kada ga praktikujemo sa ljubavlju.

Postoji priča koja nam pokazuje moć ljubavi. Mladić se srušio kada je preletao pustinju u malom avionu. Njegov otac je bio veoma bogat čovjek, i on je unajmio tim za traženje i spašavanje da bi pronašao njegovog sina, ali to je bilo uzaludno. Tako da je on rasuo milion letaka u pustinji. Ono što je napisao na letku je bilo: „Sine, volim te." Sin, koji je lutao pustinjom pronašao je jedan i dobio je hrabrost koja mu je na kraju dozvolila da bude spašen. Očeva iskrena ljubav spasila je sina. Baš kao što je otac rasuo letke cijelom pustinjom, mi takođe imamo zadatak da širimo ljubav Božju mnogim dušama.

Bog je dokazao ljubav poslavši Njegovog jedinog rođenog Sina Isusa na ovu zemlju da spasi ljudstvo koje je bilo griješno. Ali legalisti za vrijeme Isusa su se samo fokusirali na formalnostima

Zakona i oni nisu razumijeli iskrenu ljubav Boga. Na kraju, oni su osudili jedinog rođenog Sina Božjeg, Isusa, kao bogohulnika koji je uništavao Zakon i razapeli su ga. Oni nisu razumijeli ljubav Božju usađenu u Zakonu.

U 1. Poslanici Korinćanima dobro je opisan primjer „duhovne ljubavi." Ono nam govori o ljubavi Božjoj koji je poslao Njegovog jedinog rođenog Sina da nas spase koji smo osuđeni na umremo kroz grijehove i ljubav Gospoda koji nas je volio do mjere da je odbacio svu Njegovu nebesku slavu i umro na krstu. Ako mi takođe želimo da prenesemo ljubav Božju brojnim dušama koje umru na ovoj zemlji, mi moramo da razumijemo ovu duhovnu ljubav i da je praktikujemo.

„Novu vam zapovjest dajem da ljubite jedan drugog, kao što ja vas ljubih, da se i vi ljubite među sobom. Po tome će svi poznati da ste moji učenici, ako budete imali ljubav među sobom" (Jevanđelje po Jovanu 13:34-35).

Sada ova knjiga je izdata do mjere da čitaoci mogu da provjere do koje mjere su kultivisali duhovnu ljubav i do koje mjere su promijenili sebe sa istinom. Ja se zahvaljujem Geumsun Vin, direktorki izdavačkog biroa i osoblju, i nadam se da će čitaoci ispuniti Zakon sa istinom i da će na kraju posjedovati Novi Jerusalim, najljepše među nebeskim mjestima boravka.

Džerok Li

Nada da će kroz istinu Božju čitaoci biti promijenjeni kultivacijom savršene ljubavi.

TV stanica je sprovela istraživanja kroz upitnik udatih žena. Pitanje je bilo da li bi one želele da se udaju za istog supruga ako bi mogle da ponovo biraju muževe. Ishod je bio šokantan. Samo 4% žena je htelo da izabere istog muža. Oni su morali da se udaju za svoje muževe zato što su ih voljele, i zašto su onda promijenile mišljenje sada? To je zato što nisu voljele sa duhovnom ljubavi. Ovo djelo *Ljubav: Ispunjenje Zakona* će nas učiti o ovoj duhovnoj ljubavi.

1. dio knjige „Značenje Ljubavi," ukazuje na različite oblike ljubavi koje se mogu naći između supruga i supruge, roditelja i djece, između prijatelja i komšija, i time nam daje ideju u razlikama između tjelesne ljubavi i duhovne ljubavi. Duhovna ljubav je voljeti drugu osobu sa nepromjenjenim srcem i ne tražeći ništa zauzvrat. Suprotno tome, tjelesna ljubav se mijenja u različitim situacijama i okolnostima, i iz ovog razloga duhovna ljubav je dragocijena i prelijepa.

2. dio „Ljubav kao u poglavlju Ljubav," svrstava 1. Poslanicu Korinćanima u tri dijela. Prvi dio: „Vrsta ljubavi kakvu Bog želi" (1. Poslanica Korinćanima 13:1-3), je uvod u poglavlje koje stavlja značaj na važnost duhovne ljubavi. Drugi dio: „Karakteristike Ljubavi" (1. Poslanica Korinćanima) je važan deo Poglavlja Ljubav, i govori nam o 15 osobina duhovne ljubavi. Treći dio: „Savršena Ljubav," je zaključak Poglavlja Ljubav, koji nam dozvoljava da spoznamo da su vjera i ljubav privremeno potrebne dok marširamo ka kraljevstvu neba za vrijeme našeg života na ovoj zemlji, dok ljubav traje vječno čak i u kraljevstvu neba.

3. dio „Ljubav je ispunjenje Zakona," objašnjava šta je ispunjenje Zakona sa ljubavi. Ono takođe donosi ljubav Božju koja kultiviše nas ljude na ovoj zemlji i ljubav Hrista koji je otvorio put spasenja za nas.

„Poglavlje Ljubav" je samo jedno poglavlje između 1.189 poglavlja Biblije. Ali to je poput mape blaga koja nam pokazuje gde da nađemo veliku količinu blaga jer nas do detalja uči o putu ka Novom Jerusalimu. Čak iako imamo mapu i ako znamo put, to je bez ikakve koristi ako ne idemo putem koji nam je dat. Naime, to je beskorisno ako mi ne praktikujemo duhovnu ljubav.

Bog je zadovoljan duhovnom ljubavi, i mi možemo da posjedujemo ovu duhovnu ljubav do mjere da smo čuli i praktikovali Riječ Božju koja je istina. Jednom kada posjedujemo duhovnu ljubav, mi možemo da dobijemo Božju ljubav i blagoslove, i možemo na kraju da uđemo u Novi Jerusalim, najljepše mjesto boravka na Nebu. Ljubav je glavna svrha Božjeg stvaranja čovjeka i njegove kultivacije. Ja se molim da će svi čitaoci voljeti prvo Boga i da će voljeti svoje komšije kao sebe same kako bi mogli da dobiju ključeve da otvore bisernu kapiju Novog Jerusalima.

Geumsun Vin
Direktorka Izdavačkog biroa

Sadržaj

„I ako volite one koji vas vole, kakva vam je hvala?

Jer i griješnici vole one koji njih vole.“

Jevanđelje po Luki 6:32

1. dio

Značenje Ljubavi

Poglavlje 1 : Duhovna ljubav

Poglavlje 2 : Tjelesna ljubav

Duhovna ljubav

„Ljubazni, da ljubimo jedan drugog,

jer je ljubav od Boga;

i svaki koji ima ljubav od Boga je rođen i poznaje Boga.

A koji nema ljubavi ne pozna Boga, jer je Bog ljubav."

1. Jovanova Poslanica 4:7-8

Samo kada čujemo riječ „ljubav," to čini da naše srce bije i naše misli da odlete. Ako mi možemo da volimo nekoga i dijelimo iskrenu ljubav cijelog našeg života, to će biti život koji je ispunjen srećom do najvećeg stepena. Ponekad mi slušamo o ljudima koji su prevazišli situacije kao što je sama smrt i učinili su svoje živote prelijepim kroz moć ljubavi. Ljubav je potreba u vođenju srećnog života; ona ima veliku moć da promjeni naše živote.

Rečnik Merriam-Webster's Online objašnjava ljubav kao „jaku privrženost koja proizilazi iz srodstva ili ličnih veza" ili kao „naklonost na osnovu divljenja, dobronamjernosti ili zajedničkih interesa." Ali vrsta ljubavi o kojoj Bog govori je ljubav na višem nivou, što je duhovna ljubav. Duhovna ljubav traži korist drugih; ona daje radost, nadu i život njima i nikada se ne mijenja. Šta više, ona ne koristi nama samo za vrijeme ovog privremenog, zemaljskog života već vodi naše duše ka spasenju i daje nam vječni život.

Priča o ženi koja je usmjerila svog supruga ka crkvi

Postojala je žena koja je bila vjerna u svom životu kao hrišćanka. Ali njen suprug nije volio što je ona išla u crkvu i otežavao joj je vrijeme. Čak i u takvim nevoljama ona je u zoru išla na molitvene sastanke svakoga dana i molila se za supruga. Jednog dana, ona je otišla da se moli rano ujutru noseći muževljeve cipele. Držeći cipele u svom naručju, ona se sa suzama molila: „Bože, danas, samo su ove cipele došle u crkvu, ali sledeći put, dozvoli vlasniku ovih cipela da takođe dođe u crkvu."

Nakon nekog vremena nešto nevjerovatno se dogodilo. Suprug je došao u crkvu. Ovaj dio priče ide ovako: Do određene tačke u vremenu, kada god bi muž napuštao kuću zbog posla, on bi osjetio toplinu u cipelama. I jednog dana, on je vidio da njegova žena ide negdje sa njegovim cipelama pa je pratio. Ona je otišla u crkvu.

On je bio uznemiren, ali nije mogao da prevaziđe radoznalost. On je morao da sazna šta je ona radila u crkvi sa njegovim cipelama. Kako je on tiho ušao u crkvu, njegova žena se molila dok je držala njegove cipele čvrsto u njenom zagrljaju. On je osluškivao molitvu, a svaka riječ u molitvi je bila za njegovo dobro i za blagoslove. Njegovo srce je bilo dirnuto i on nije mogao a da se ne osjeća žalosno zbog načina na koji se ophodio prema njegovoj ženi. Na kraju, suprug je bio dirnut ljubavi od svoje žene i postao je pobožan hrišćanin.

Većina žena u ovoj vrsti situacija bi tražila od mene da se molim za njih, govoreći mi: „Moj suprug mi otežava samo zato što ja dolazim u crkvu. Molim vas molite se za mene da moj suprug prestane da me osuđuje." Ali ja bi odgovorio: „Brzo postani posvećena i dođi u duh. To je način da rešiš svoj problem." One bi davale još više duhovne ljubavi svojim muževima do mjere da su odbacile grijehove i došle u duhu. Koji će muž otežavati svojoj ženi koja je posvećena i koja ga služi svim srcem?

U prošlosti, žene bi svu sramotu prebacivale na muževe, ali sada promjenjene u istini, one će priznati da su one krive i pokoriće sebe. Onda, duhovna svjetlost će isterati tamu i muž može da bude takođe promjenjen. Ko bi se molio za drugu osobu koja mu daje poteškoće? Ko će žrtvovati sebe zbog zanemarenih komšija i širiti iskrenu ljubav za njih? Djeca Božja koja su naučila iskrenu ljubav Gospoda mogu da prenesu takvu ljubav na druge.

Nepromenljiva ljubav i prijateljstvo Davida i Jonatana

Jonatan je bio sin Saula, prvog kralja Izraela. Kada je vidio da je David oborio praćkom i kamenom šampiona Filistejca, Golijata, on je znao da je David bio ratnik nad kojim je došao Božji duh. Biti sam general armije, Jonatanovo srce je bilo osvojeno Davidovom hrabrošću. Od tog vremena pa nadalje Jonatan je voleo Davida kao samog sebe i oni su počeli da izgrađuju veoma jaku vezu u prijateljstvu. Jonatan je volio veoma mnogo Davida i nije štedeo ništa što je bilo za Davida.

> *I kad svrši razgovor sa Saulom, duša Jonatanova prionu za dušu Davidovu, i Jonatan ga zapazi kao svoju dušu. I uze ga Saul taj dan, i ne dade mu da se vrati kući oca svog. I Jonatan učini vheru s Davidom, jer ga ljubljaše kao svoju dušu. I skide Jonatan sa sebe plašt, koji nošaše, i dade ga Davidu, i odijelo svoje i mač svoj i luk svoj i pojas svoj* (1. Samuelova 18:1-4).

Jonatan je bio naslijednik prijestola zato što je bio prvi sin Kralja Saula, i on je lako mogao da mrzi Davida zato što je David mnogo bio voljen od ljudi. Ali on nije imao nikakvu želju za titulom kralja. Ali radije nego Saul koji je pokušavao da ubije Davida da bi zadržao svoj prijesto, Jonatan je rizikovao sopstveni život da bi spasao Davida. Ovakva ljubav se nikada ne mijenja do smrti. Kada je Jonatan poginuo u borbi u Gelvui, David je plakao, tugovao i postio sve do večeri.

> *Žao mi je za tobom, brate Jonatane; bio si mi mio vrlo; Veća mi je bila ljubav tvoja od ljubavi ženske* (2. Samuelova 1:26).

Nakon što je David postao kralj, on je pronašao Mefivosteja jedinog sina Jonatana, vratio je njemu sve nekretnine od Saula, i brinuo se o njemu kao o svom sinu u palati (2. Samuelova 9). Ovako, duhovna ljubav je voljeti drugu osobu sa nepromjenljivim srcem i cijelim svojim životom, čak iako to sebi ne stvara nikakvu korist već radije uzrokuje štetu sebi. Biti samo dobar sa nadom da ćete dobiti nešto zauzvrat nije iskrena ljubav. Duhovna ljubav je žrtvovati sebe i nastaviti da dajete drugima bezuslovno, sa čistom i iskrenom namjerom.

Nepromjenljiva ljubav Božja i Gospodova prema nama

Većina ljudi iskusi srceparajući bol zbog tjelesne ljubavi u njihovim životima. Kada mi imamo bol i osjećamo se usamljeno zbog ljubavi koja se lako mijenja, postoji neko ko nam ugađa i postaje naš prijatelj. On je Gospod. On je preziran i odbačen od ljudi čak iako je On nevin (Isaija 53:3), tako da On razumije naša srca veoma dobro. On ostavlja Njegovu nebesku slavu i dolazi dole na zemlju da uzme put patnje. Da bi učinio tako On postaje naš iskreni utješitelj i prijatelj. On nam je dao iskrenu ljubav sve dok nije On umro na krstu.

Prije nego što sam postao vjernik u Boga, ja sam patio od mnogih bolesti i temeljno sam iskusio bol i usamljenost koju je uzrokovalo siromaštvo. Nakon što sam bio bolestan sedam dugih godina, sve što sam mogao da ostavim je bolesno tijelo, sve veći dugovi, osuđivanje od ljudi, usamljenost i očaj. Svi oni kojima sam vjerovao i koje sam volio su me ostavili. Ali neko je došao kod mene kada sam se osjećao potpuno samo u cijelom univerzumu. Bio je to Bog. Kako sam sreo Boga, ja sam bio izliječen od svih mojih bolesti odjednom i počeo sam da živim novi život.

Ljubav koju mi je Bog dao je bila je besplatan dar. Nisam Njega odmah u početku volio. On je najprije došao kod mene i ispružio Njegove ruke ka meni. Kako sam počeo da čitam Bibliju, mogao sam da čujem dokaz Božje ljubavi prema meni.

Može li žena zaboraviti porod svoj da se ne smiluje na čedo utrobe svoje? A da bi ga i zaboravila, ja neću zaboraviti tebe. Gle, na dlanovima sam te izrezao; zidovi su tvoji jednako preda mnom (Isaija 49:15-16).

Po tom se pokaza ljubav Božja k nama što Bog Sina svog Jedinorodnog posla na svijet da živimo kroza Nj. U ovom je ljubav ne da mi pokazasmo ljubav k Bogu, nego da On pokaza ljubav k nama, i posla Sina svog da očisti grijehe naše (1. Jovanova Poslanicaohn 4:9-10).

Bog me nije napustio čak i kada sam se borio u svojim patnjama nakon što su me svi napustili. Kada sam osjetio Njegovu ljubav, ja nisam mogao da zaustavim suze koje su mi lile iz očiju. Ja sam mogao da osjetim da je Božja ljubav iskrena zbog bolova koje sam iskusio. Sada, ja sam postao pastor, sluga Božji, da tješim srca mnogih duša i da uzvratim milost Božju koja mi je data.

Bog je sama ljubav. On je poslao Njegovog rođenog Sina na ovu zemlju zbog nas koji smo griješnici. I on nas očekuje da dođemo u kraljevstvo Neba gdje je stavio toliko mnogo prelijepih i dragocijenih stvari. Mi možemo da osjetimo tako delikatnu i obilnu ljubav Božju kada bi otvorili naša srca samo malo.

> *Jer šta se na Njemu ne može vidjeti, od postanja svijeta moglo se poznati i vidjeti na stvorenjima, i Njegova vječna sila i božanstvo, da nemaju izgovora* (Poslanica Rimljanima 1:20).

Zašto ne mislite samo o prelijepoj prirodi? Plavo nebo, bistro more i svo drveće i biljke su stvari koje je Bog napravio za nas da dok živimo ovde na zemlji možemo da imamo nadu za kraljevstvo neba sve dok tamo ne stignemo.

Od talasa koji zapljuskuju obalu; zvijezda koje trepere kao da igraju; glasna grmljavina velikih vodopada; i pored povetarca koji prolazi uz nas, mi možemo da osjetimo dah Boga koji nam govori „Volim te." Pošto smo izabrani kao djeca od ovog voljenog Boga, koju vrstu ljubavi bi mi trebali da imamo? Mi moramo da imamo večnu i iskrenu ljubav a ne beznačajnu ljubav koja se mijenja kada nam situacija ne ide u korist.

Tjelesna ljubav

„I ako volite one koji vas vole, kakva vam je hvala?

Jer i griješnici vole one koji njih vole.“

Jevanđelje po Luki 6:32

Čovjek stoji ispred velike mase ljudi, okrenut ka moru Galilejskom. Plavi talasi na moru iza Njega izgledaju kao da igraju na mekom povetarcu iza Njega. Svi ljudi su ućutali da bi slušali Njegove riječi. Masi ljudi koji su sjedeli ovde i tamo na malom brdašcu, On je govorio da treba da postanu svjetlost i so ove zemlje da vole svoje neprijatelje, sa nežnim a pak odlučnim tonom.

Jer ako ljubite one koji vas ljube, kakvu platu imate? Ne čine li to i carinici? I ako Boga nazivate samo svojoj braći, šta odviše činite? Ne čine li tako i neznabošci? (Jevanđelje po Mateju 5:46-47).

Kako je Isus govorio, nevjernici i čak i oni koji su bili zlobni mogli su da pokažu ljubav prema onima koji su bili dobri prema njima i prema onima koji su im bili od koristi. Postoji takođe i lažna ljubav, koja se čini dobrom sa spolja ali nije iskrena iznutra. To je tjelesna ljubav koja nakon nekog vremena mijenja i ona lomi i razdvaja kao ishod čak i nevažne stvari.

Tjelesna ljubav može svakog momenta da se promjeni kako vrijeme prolazi. Ako se situacija mijenja ili ako se uslovi mijenjaju, tjelesna ljubav se mijenja. Ljudi nastoje da promijene svoje stavove u skladu sa napretkom i dobijenom koristi. Ljudi daju samo onda nakon što najprije prime nešto od drugih, ili daju onda samo ako vide da će davanje njima biti od koristi. Ako mi dajemo i želimo da dobijemo istu vrijednost zauzvrat, ili ako se osjećamo razočarano kada nam drugi ne daju ništa zauzvrat, to je takođe zato što imamo tjelesnu ljubav.

Ljubav između roditelja i djece

Ljubav roditelja koji nastavljaju da daju svojoj djeci dotiče srca mnogih. Roditelji ne kažu da je teško brinuti se o svojoj djeci sa svim svojim mislima zato što oni vole svoju djecu. Obično je želja roditelja da daju dobre stvari svojoj djeci čak iako to znači da oni ne mogu da jedu dobre stvari ili da nose dobru odjeću. Ali, postoji ipak ugao u srcu roditelja koja vole svoju djecu gdje oni takođe teže ka svojoj koristi.

Ako oni zaista vole svoju djecu, oni bi trebali da daju čak i svoje živote bez da traže nešto zauzvrat. Ali postoje mnogi roditelji koji podižu svoju djecu zbog svoje koristi i poštovanja. Oni govore: „Ja ti kažem ovo za tvoje dobro," ali u stvari oni pokušavaju da kontrolišu svoju djecu na način da bi ispunili svoje želje zbog ugleda, ili takođe zbog novčane koristi. Kada djeca odaberu svoju karijeru ili se ožene, ako oni odaberu put ili supružnika sa kojim se roditelji ne slažu, oni se tome veoma protive i postaju razočarani. To dokazuje da je njihova odanost i požrtvovanost za njihovu djecu bila, nakon svega, uslovna. Oni pokušavaju da dobiju ono što žele kroz svoju djecu u zamenu za ljubav koja im je data.

Dječija ljubav je obično mnogo manja za razliku od roditeljske. Korejanska izreka kaže: „Ako roditelji pate od bolesti duže vrijeme, sva djeca će napustiti njihove roditelje." Ako su roditelji bolesni i stari i ako nema šanse za oporavak, i ako djeca treba da brinu o njima, oni osjećaju da je mnogo teže da se suoče sa situacijom. Kada su oni mala djeca, oni čak i kažu nešto slično: „Ja se neću oženiti i ja ću samo živjeti sa vama, oče i majko." Oni će možda mislite da zaista žele da ostatak života žive sa svojim roditeljima. Ali kako odrastaju, oni postaju sve više nezainteresovani za svoje roditelje zato što su zauzeti zarađujući za život. Ljudska srca su tako neosjetljiva u grijehovima u ovim danima, i zlo je tako rasprostranjeno da nekada roditelji ubijaju svoju djecu ili djeca ubijaju svoje roditelje.

Ljubav između roditelja i djece

Šta je sa ljubavlju među oženjenim parovima? Kada se oni zabavljaju, oni govore sve slatke riječi poput: „Ja ne mogu da živim bez tebe. Voljeću te zauvijek." Ali šta se događa nakon što se vjenčaju? Oni vrijeđaju svoje supružnike i govore: „Ja ne mogu da živim svoj život zbog tebe. Ti me varaš."

Oni su navikli da priznaju svoju ljubav jedan prema drugome, ali nakon vjenčavanja, oni često spominju razdvajanje ili razvod samo zato što misle da se njihova porodična pozadina, obrazovanje ili ličnosti ne slažu. Ako hrana nije dobra kao što je to supružnik htio da bude, on se žali svojoj ženi govoreći joj: „Kakva je ovo hrana? Nema ništa za jelo!" Također, ako suprug ne zaraduje dovoljno novca, žena prigovara njenom mužu govoreći stvari kao što su: „Suprug moje prijateljice je već unaprijeđen kao direktor i drugi kao izvršni službenik... Kada ćeš ti biti unaprijeđen...i drugi moj prijatelj je kupio veću kuću i novi automobil, a šta je sa nama? Kada ćemo mi imati bolje stvari?"

U statistikama porodičnog nasilja u porodicama u Koreji, skoro polovina vjenčanih parova koristi nasilje nad svojim supružnicima. Toliko mnogo parova izgubi prvu ljubav koju su imali, i sada dolaze do toga da mrze i svađaju se jedni sa drugima. U današnje vrijeme, postoje neki parovi koji raskidaju za vrijeme medenog mjeseca! Prosječno trajanje od vremena vjenčanja do razvoda postaje takođe kraće. Oni su mislili da vole svoje supružnike veoma mnogo, ali kako žive zajedno oni vide negativne tačke jedno u drugome. Zato što su njihovi načini razmišljanja i ukusa različiti, oni su konstantno u sukobima od jedne stvari do druge. Kako oni ovo čine, sve njihove emocije za koje su mislili da je ljubav su se ohladile.

Čak iako nemaju jasne nevolje jedno sa drugim, oni postaju naviknuti jedno na drugo i emocije prve ljubavi se hlade kako vrijeme prolazi. Onda, oni okreću poglede ka drugom čovjeku ili ženi. Suprug je razočaran svojom ženom koja izgleda nespremno ujutru i kako ona stari i dobija više na težini, on smatra da ona više nije šarmantna. Ljubav treba da postane buđenje kako vrijeme prolazi, ali u većini slučajeva nije. Nakon svega, promjena u njima podržava činjenicu da je ova ljubav bila tjelesna koja je težila samo svojoj koristi.

Ljubav između braće

Braća i sestre koji su rođeni od istih roditelja i odgajani zajedno trebali bi da budu bliži jedan drugome za razliku od drugih ljudi. Oni mogu da se oslone jedan na drugog u mnogim stvarima jer su dijelili mnogo stvari i sakupili su ljubav jedno za drugoga. Ali neka braća i sestre imaju osjećaj u takmičenju između njih i postaju ljubomorni na drugu braću i sestre.

Prvorođeno može da ima osjećaj od roditelja da ljubav koja je namjenjena da se da njima je sada oduzeta i data je mlađem bratu ili sestri. Drugo dijete može da se osjeti nestabilno zato što može da osjeti da su privrženi starijem bratu ili starijoj sestri. Ona braća ili sestre koji imaju starijeg ili mlađeg brata ili sestru mogu obojica da se osjete potčinjeno naspram svojih starijih i opterećeni su da moraju da viču na svoje mlađe. Oni takođe mogu da imaju osjećaj da su prevareni zato što ne privlače nikakvu pažnju od svojih roditelja. Ako se braća i sestre ne suoče sa takvim emocijama na pravi način, oni lako mogu da imaju neugodne odnose sa svojom braćom i sestrama.

Prvo ubistvo u ljudskom čovječanstvu je takođe izvedeno između braće. Ono je bilo uzrokovano zbog Kainove ljubomore nad svojim bratom Aveljom a ticalo se Božjih blagoslova. Čak još od tog vremena, postojalo je mnogo učestalih otimanja i borbi između braće i sestara kroz ljudsku istoriju. Josif je bio omrznut od strane brata i prodat je kao rob u Egiptu. Davidov sin Avesalom, dao je da jedan od njegovih ljudi ubije njegovog sopstvenog brata Amnona. Danas, mnogo braće i sestre se bore između sebe zbog nasljedstva novca svojih roditelja. Oni postaju kao neprijatelji jedan prema drugome.

Iako ne tako ozbiljno kao što je gore pomenuto, kako se oni vjenčavaju i započinju sopstvene porodice, oni ne mogu više da obrate pažnju na svoju braću i sestre kao ranije. Ja sam rođen kao poslednji sin među šestoro braće i sestara. Bio sam voljen od starije braće i sestara veoma mnogo ali kada sam bio vezan za krevet sedam dugih godina zbog raznih bolesti, situacija se promjenila. Postao sam veliki teret njima. Oni su pokušavali da izliječe moju bolest do neke mjere, ali kada se činilo da nada više ne postoji, oni su počeli da meni okreću leđa.

Ljubav između komšija

Ljudi Koreje imaju izraz: „Komšije rođaci." To znači da naše komšije su toliko bliske kao članovi porodice. Kada su se mnogi ljudi bavili poljoprivredom u prošlosti, komšije su bile dragocijena bića koji bi pomagali jedni drugima. Ali ovaj izraz postaje sve više i više neistinit. U današnje vrijeme, ljudi drže svoja vrata zatvorena i zaključana, čak i ka svojim komšijama. Mi čak koristimo i sisteme velike zaštite. Ljudi čak i ne znaju ko živi na sljedećim vratima.

Oni ne mare o drugima i nemaju namjeru da saznaju ko su njihove komšije. Oni imaju razumijevanje samo za sebe i samo njihovi neposredni članovi porodice su njima bitni. Oni ne vjeruju jedni drugima. Takođe, ako oni osjete da njihove komšije uzrokuju bilo koju vrstu neprilika, oštećuju ili ih ugrožavaju, oni se ne uzdržavaju da ih proganjaju ili čak da se biju sa njima. Danas, postoje mnogi ljudi koji su komšije a sude jedan drugoga na besmislene načine. Postojala je osoba koja je izbola nožem svojeg komšiju koji je živio sprat više u stanu zbog buke koje je pravio.

Ljubav između prijatelja

Tako da onda, šta je sa ljubavlju među prijateljima? Vi ćete možda misliti da određeni prijatelj će uvijek stajati na vašoj strani.

Ali, čak iako nekoga smatrate prijateljem on može da vas izda i da vas ostavi slomljenog srca.

U nekim slučajevima, osoba će pitati prijatelje da mu pozajme pozamašnu sumu novca ili da postanu njegovi žiranti zato što je pred bankrotom. Ako prijatelji odbiju, on kaže da je bio izdat i nikada više ne želi da ih vidi. Ali ko je ovde u stvari pogriješio?

Ako vi zaista volite vašeg prijatelja, vi ne možete da uzrokujete bol tom prijatelju. Ako vi treba da bankrotirate i ako vaši prijatelji vama postanu žiranti, onda je sigurno da vaši prijatelj i članovi njihovih porodica mogu patiti sa vama. Da li je ljubav da učinite da vaši prijatelji prolaze kroz takve rizike? To nije ljubav. Ali danas, takve stvari se dešavaju veoma često. Šta više, Božja Riječ nam zabranjuje da pozajmljujemo i da uzajmljujemo novac i da budemo garanti ili da postanemo žirant svakome. Kada se ne povinujemo takvim riječima Božjim, u većini slučajeva tu će postojati djela Sotone i svi oni koji su učesnici biće oštećeni.

> *Sine moj, kad se podjemčiš za prijatelja svog, i daš ruku svoju tuđincu, vezao si se riječima usta svojih, uhvatio si se riječima usta svojih* (Poslovice 6:1-2).

> *Ne budi od onih koji ruku daju, koji se jamče za dugove* (Poslovice 22:26).

Neki ljudi misle da je mudro da se načine prijateljstva bazirana na time šta mogu da sakupe od njih. Činjenica je da je danas veoma teško da se nađe osoba koja samovoljno daje svoje vrijeme, napor i novac sa iskrenom ljubavi za njegove komšije ili prijatelje.

Ja sam imao mnogo prijatelja još iz detinjstva. Prije nego što sam postao vjernik u Bogu, smatrao sam da je vjernost u prijatelje kao moj život. Mislio sam da će naše prijateljstvo trajati zauvijek. Ali dok sam bio bolestan u postelji dugo vremena, konačno sam shvatio da se ova ljubav između prijatelja takođe promijenila u skladu sa njihovim koristima.

Prvo, moji prijatelji su obavili neka istraživanja da bi našli dobre doktore ili prirodne lijekove i odveli su me njima, ali kad se nisam oporavio ni malo, oni su me jedan po jedan ostavljali. Kasnije, jedini prijatelji koje sam imao bili su moji prijatelji za kocku i alkohol. Čak i ti prijatelji nisu dolazili kod mene jer su me volkeli, već samo zato što im je bilo potrebno mjesto da negde ostanu. Čak i u tjelesnoj ljubavi oni govore da vole jedni druge, ali kasnije se to promijenilo.

Koliko bi bilo dobro kada ne bi roditelji i djeca, braća i sestre, prijatelji i komšije nikada tražili svoju korist i nikada ne bi promjenili njihov stav? Ako je ovo slučaj, to znači da oni imaju duhovnu ljubav. Ali u većini slučajeva, oni nemaju ovu duhovnu ljubav i oni ne mogu da pronađu iskreno zadovoljstvo u ovome. Oni traže ljubav od svojih članova porodice i ljudi oko njih. Ali kako nastavljaju da ovo rade, oni će samo postati još žedniji ljubavi, kao kad bi pili morsku vodu da utole svoju žeđ.

Blez Paskal (Blaise Pascal) je rekao da postoji vakum Božjeg oblika u srcu svakog čovjeka koje ne može biti ispunjeno ni sa jednom napravljenom stvari, već samo Bogom, dobro poznatim kroz Isusa. Mi ne možemo da osjetimo iskreno zadovoljstvo i mi patimo sa osjećanjem beznačajnosti ukoliko taj prostor nije ispunjen Božjom ljubavlju. Onda, da li ovo znači da na ovoj zemlji ne postoji duhovna ljubav koja se nikada ne mijenja? Ne, ne znači. To nije zajedničko, već duhovna ljubav zaista postoji. 1. Poslanica Korinćanima poglavlje13 nam izričito govori o iskrenoj ljubavi.

> *Ljubav dugo trpi, milokrvna je; ljubav ne zavidi; ljubav se ne veliča, ne nadima se; ne čini šta ne valja, ne traži svoje, ne srdi se, ne misli o zlu, ne raduje se nepravdi, a raduje se istini; sve snosi, sve vjeruje, svemu se nada, sve trpi* (1. Poslanica Korinćanima 13:4-7).

Bog naziva ovu vrstu ljubavi duhovnom i iskrenom ljubavi. Ako mi znamo ljubav Božju i postanemo promjenjeni sa istinom, mi možemo da imamo duhovnu ljubav. Dozvolite nam da imamo duhovnu ljubav sa kojom mi možemo da volimo jedni druge sa svim našim srcem i nepromjenljivim stavom, čak iako nam to ne donosi korist nego nas dovodi do toga da nas povređuje.

Postoje ljudi koji pogriješno vjeruju da oni vole Boga. Kako bi saznali do koje mjere smo kultivisali iskrenu duhovnu ljubav Božju, mi možemo da ispitamo emocije i djela koja smo imali kada prolazimo kroz testove pročišćavanja, iskušenja i poteškoća. Mi možemo da provjerimo sebe do koje mjere smo kultivisali iskrenu ljubav, provjeravajući da li smo se ili ne radovali i davali zahvalnost iz dubine naših srca i da li smo ili ne konstantno pratili volju Boga.

Načini da se provjeri duhovna ljubav

Ako se mi žalimo i bunimo u situacijama i ako tražimo svjetske metode i oslanjamo se na ljude, to znači da mi nemamo duhovnu ljubav. To samo dokazuje da je naše znanje o Bogu samo znanje iz glave, a ne znanje koje smo usadili i kultivisali u našim srcima. Baš kao što falsifikovana novcanica izgleda kao pravi novac a ipak je to samo parče papira, ljubav koja je poznata samo kao znanje nije iskrena ljubav. Ona je bez vrijednosti. Ako se naša ljubav prema Gospodu ne promjeni i ako se mi oslanjamo na Boga u svakoj situaciji i u svakim nevoljama, onda mi možemo da kažemo da smo kultivisali iskrenu ljubav koja je duhovna ljubav.

„A sad ostaje vjera, nada, ljubav, ovo troje;

ali je ljubav najveća među njima."

1. Poslanica Korinćanima 13:13

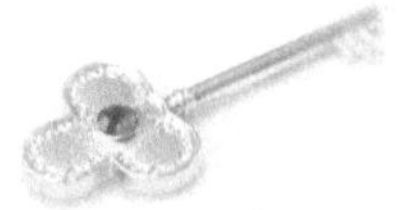

2. dio

Ljubav kao u poglavlju Ljubav

Vrsta ljubavi kakvu Bog želi

„Ako jezike čovječije i anđeoske govorim a ljubavi nemam,
onda sam kao zvono koje zvoni, ili praporac koji zveči.
I ako imam proroštvo i znam sve tajne i sva znanja,
i ako imam svu vjeru da i gore premeštam, a ljubavi nemam,
ništa sam. I ako razdam sve imanje svoje,
i ako predam tijelo svoje da se sažeže,
a ljubavi nemam, ništa mi ne pomaže.“

1. Korinćanima Poslanica 13:1-3

Sledeći je incident koji se dogodio u jednom sirotištu u Južnoj Africi. Deca su postajala jedno po jedno sve više bolesnija, i broj je takođe narastao. Ali oni nisu mogli da nađu određeni razlog njihove bolesti. Sirotište je pozvalo neke poznate lekare da bi im uspostavilo dijagnozu. Nakon temeljnog istraživanja, lekari su rekli: „Dok su još budni, zagrlite djecu i izrazite ljubav prema njima desetak minuta."

Na njihovo iznenađenje, bolest je bez ikakvog razloga počela da nestaje. To je zato što je topla ljubav bila potrebna djeci više nego išta. Čak iako mi nemamo briga zbog životnih troškova i živimo život u izobilju, bez ljubavi mi ne možemo da imamo nadu života ili volju za životom. Može se reći da je ljubav veoma važan faktor u našim životima.

Važnost duhovne ljubavi

Trrinaesto Poglavlje 1. Poslanice Korinćanima, koje je nazvano Poglavljem Ljubav, najprije ističe važnost ljubavi prije nego što ustvari objašnjava duhovnu ljubav do detalja. To je zato što ako govorimo jezicima ljudskim i anđeoskim, a nemamo ljubav, onda postajemo kao glasni gong ili zvono cimbala.

„Ljudski jezik" se ne odnosi na govor jezicima kao o darovima Svetog Duha. To se odnosi na sve ljudske jezike koji žive na Zemlji kao što su Engleski, Japanski, Francuski, Ruski itd. Civilizacija i znanje su uređeni i prenose se putem jezika, a ipak mi možemo da kažemo da je moć jezika veoma velika. Sa jezikom mi takođe možemo da izrazimo i prenesemo naše emocije i misli tako da mi možemo da uvjeravamo i dotičemo srca mnogih. Jezik ljudi ima moć da dotakne ljude i moć da ispuni mnoge stvari.

„Jezik anđela“ se odnosi na prelijepe riječi. Anđeli su duhovna bića i oni su predstavljeni kao „ljepota.“ Kada neki drugi ljudi govore lijepim riječima i lijepim glasom, ljudi ih opisuju kao da su anđeoski. Ali Bog govori da su ljudske riječi ili prelijepe riječi kao anđeli koji su kao poput glasnog gonga ili zvona cimbala bez ljubavi (1. Poslanica Korinćanima 13:1).

U stvari, dobro parče čelika ili bakra ne odaje glasan zvuk kada ga udarimo. Ako parče bakra odaje glasan zvuk, to znači da je šuplje iznutra ili da je tanko i lagano. Cimbala daju jak zvuk zato što su napravljena od tankih dijelova bakra. To je isto sa ljudima. Mi imamo vrednost uporedljivu sa pšenicom sa punom glavicom žita samo onda kada postanemo iskreni sinovi i kćeri Boga ispunjavajući naša srca ljubavlju. U suprotnom, oni koji nemaju ljubav su kao poput prazne slame. Zašto je to tako?

1. Jovanova Poslanica 4:7-8 govori: „*Ljubazni, da ljubimo jedan drugog, jer je ljubav od Boga; i svaki koji ima ljubav od Boga je rođen i poznaje Boga. A koji nema ljubavi ne pozna Boga, jer je Bog ljubav.*“ Naime, oni koji nemaju ljubav nemaju ništa sa Bogom i oni su poput žita koje nema zrna u sebi.

Riječi takvih ljudi su bez vrijednosti iako su ubedljivi i prelijepi, jer oni ne mogu da daju iskrenu ljubav ili život drugima. Ali oni mogu samo da uzrokuju neugodnost drugim ljudima kao glasan gong ili zvono cimbala, jer su oni svjetlost i praznina iznutra. Sa druge strane, riječi koje sadrže ljubav imaju nevjerovatnu moć u davanju života. Mi možemo da pronađemo takav dokaz u Isusovom životu.

Značajna ljubav daje život

Jednog dana Isus je podučavao u Hramu i pisari i Fariseji su doveli ženu ispred Njega. Ona je bila uhvaćena u činu preljube. Čak ni trunka saosjećanja nije mogla da bude pronađena u očima tih pisara i Fariseja koji su doveli ženu tamo.

Oni su rekli Isusu: *„Učitelju! Ova je žena uhvaćena sad u preljubi. A Mojsije nam u zakonu zapovijedi da takve kamenjem ubijamo; a Ti šta veliš?"* (Jevanđelje po Jovanu 8:4-5).

Zakon i Izraelu je Riječ i Zakon Božji. Ono ima klauzulu koja govori da preljubnici moraju biti kamenovani do smrti. Da je Isus rekao da moraju da je kamenuju u skladu sa Zakonom, to bi značilo da On protivriječi Njegovim sopstvenim riječima, jer je On učio ljude da vole čak i svoje neprijatelje. Da je On rekao da joj oproste, to bi bilo jasno suprotstavljanje Zakonu. To bi bilo ustati protiv Riječi Božje.

Pisari i fariseju su bili ponosni na sebe misleći da sada imaju priliku da obore Isusa. Poznavajući njihova srca veoma dobro, Isus se samo zaustavio i ispisao je nešto dole na zemlji njegovim prstom. Onda, On ustaje i govori: *„Koji je među vama bez grijeha neka najprije baci kamen na nju"* (Jevanđelje po Jovanu 8:7).

Kada se Isus još jednom ponovo zaustavio i zapisao Njegovim prstom na zemlji, ljudi su odlazili jedan po jedan i samo žena i Isus Sam su ostali. Isus je spasao život ove žene bez da je ugrozio Zakon.

Uz to, ono što su pisari i Fariseji govorili nije bilo pogriješno jer su jednostavno navodili ono što je Zakon Božji govorio. Ali namjera u njihovim riječima se mnogo razlikovala od one od Isusa. Oni su pokušavali da ugroze druge dok je Isus pokušavao da spase dušu.

Ako m i imamo ovu vrstu srca Isusa, mi ćemo se moliti misleći sa kojom vrstom riječi mi možemo da damo snagu drugima da bi ih poveli ka istini. Mi ćemo pokušati da im damo život sa svakom izgovorenom riječi. Poneki ljudi pokušavaju da nagovore druge sa Riječi Božjom ili pokušavaju da isprave tuđe ljudske strahove ukazujući im na njihove mane i pogreške za koje misle da nisu dobre. Čak iako su takve riječi ispravne, oni ne mogu da izazovu promjene kod drugih ljudi ili da im daju život, sve dok riječi nisu izgovorene iz ljubavi.

Prema tome, mi treba da uvijek provjeravamo sebe da li govorimo sa sopstvenom pravednosti i uokvirenih misli, ili su naše riječi iz ljubavi da bi dali život drugima. Radije nego slatkorječive riječi, riječ koja sadrži duhovnu ljubav može da postane voda života koja gasi žeđ žednih duša i dragocijeno drago kamenje koje daje radost dušama u bolovima.

Ljubav sa djelima žrtvovanja sebe

Uopšteno „proroštvo" se odnosi na razgovor o budućim događajima. U biblijskom smislu to je dobiti srce Boga sa inspiracijom Svetog Duha zbog određene namjere da se govori o budućim događajima. Proroštvo nije nešto što može biti učinjeno u skladu sa ljudskom voljom. 2. Petrova Poslanica 1:21 govori: *„...jer nikad proroštvo ne bi od čovječije volje, nego naučeni od*

Svetog Duha govoriše sveti Božji ljudi." Ovaj dar proroštva nije nasumice dat baš svakome. Bog ne daje ovaj dar osobi koja nije postala posvećena, zato što bi mogla da postane arogantna.

„Dar proroštva" kao u poglavlju duhovne ljubavi nije dar koji je dat nekoliko specijalnim ljudima. To znači da svako ko vjeruje u Isusa Hrista i boravi u istini može da previđa i da govori o budućnosti. Naime, kada se Gospod vrati u vazduhu, oni spašeni biće uhvaćeni u vazduhu i učestvovaće u Sedmogodišnjem svadbenom vjenčanju, dok oni koji nisu spašeni će patiti u Sedmogodišnjem velikom stradanju na ovoj zemlji i pašće u Pakao nakon Suda Velikog Bijelog Prijestolja. Ali čak iako sva djeca Božja imaju darove proroštva na ovaj način „da govore o budućim događajima," nemaju svi oni duhovnu ljubav. Poslije svega, ako oni nemaju duhovnu ljubav, oni će promjeniti svoje stavove prateći svoje sopstvene potrebe i prema tome dar proroštva njima neće biti od koristi u ničemu. Sam dar ne može da se nastavi niti da prevaziđe ljubav.

„Misterija" se ovde odnosi na tajnu koja je bila skrivena prije vremena, što je riječ sa krsta (1. Poslanica Korinćanima 1:18). Riječ sa krsta je proviđenje za ljudsko spasenje, koje je bilo stvoreno od Boga prije vremena pod Njegovom vlašću. Bog je znao da će čovjek da počini grijeh i da će pasti na put smrti. Iz ovog razloga On je spremio Isusa Hrista koji će postati Spasitelj čak i prije vremena. Sve dok ovo proviđenje nije ispunjeno, Bog je čuvao tajnu. Zbog čega je On to učinio? Da je put spasenja bio poznat, on ne bi bio ispunjen zbog ometanja neprijatelja đavola i Sotone (1. Poslanica Korinćanima). Neprijatelj đavo i Sotona su mislili da će zauvijek zadržati vlast koju su primili od Adama ako ubiju Isusa. Ali, to je bilo zato što su nagovorili zle ljude da ubiju Isusa i put spasenja se otvorio! Međutim, iako mi znamo tako veliku misteriju i da bi imali takvo znanje ne bi nam ništa koristilo ako nemamo duhovnu ljubav.

To je isto i sa znanjem. Ovde izraz „znanje“ se ne odnosi na akademsko učenje. Ono se odnosi na znanje Božje i o istini 66 knjiga Biblije. Jednom kada mi spoznamo Boga kroz Bibliju, mi takođe bi trebali da spoznamo i iskusimo Njega iz prve ruke i da Njemu vjerujemo iz naših srca. Inače će znanje Riječi Božje ostati samo kao dio znanja iz naše glave. Mi možda možemo da iskoristimo znanje na nepovoljan način, na primjer u osuđivanju i optuživanju drugih. Prema tome, znanje bez duhovne ljubavi ne donosi nam korist.

Šta ako imamo tako veliku vjeru da može da pomjeri planine? Imati veliku vjeru ne mora da znači da imamo veliku ljubav. Onda, zašto jačina vjere i ona od ljubavi se ne poklapaju u potpunosti jedna sa drugom? Vjera može da naraste vidjevši grijehove i čuda i djela Božja. Petar je vidio mnoge znakove i čuda izvedene od Isusa i iz ovog razloga on je takođe mogao da hoda, čak i na momenat, po vodi kada je Isus hodao po vodi. Ali u tom vremenu Petar nije imao duhovnu ljubav zato što nije još uvijek primio Svetog Duha. On još nije preobratio svoje srce ne odbacivši čak ni svoje grijehove. Tako da, kada je njegov život kasnije bio ugrožen, on se odrekao Isusa tri puta.

Mi možemo da razumijemo zašto naša vjera može da raste kroz iskustva, ali duhovna ljubav dolazi do naših srca samo kada mi ulažemo napore, požrtvovani smo i žrtvujemo sebe da bi odbacili grijehove. Ali to ne znači da ne postoji direktna povezanost takođe između duhovne vjere i ljubavi. Mi možemo da pokušamo da odbacimo grijehove i možemo da pokušamo da volimo Boga i duše zato što imamo vjeru. Ali bez želje da se iskreno ličimo na Gospoda i da kultivišemo iskrenu ljubav, naša djela za Božje kraljevstvo neće imati ništa sa Bogom bez obzira koliko smo mi odani. Biće to samo kao što je Isus rekao: „*I tada ću im Ja kazati: Nikad vas nisam znao; idite od Mene koji činite bezakonje*" (Jevanđelje po Mateju 7:23).

Ljubav koja donosi nebeske nagrade

Obično, pred kraj godine, mnoge organizacije i pojedinci doniraju novac radio stanicama ili novinskim kućama kako bi pomogli onima kojima je potrebno. Sada, šta ako njihova imena nisu spomenuta u emitovanju ili novinama? Šanse su da više neće postojati mnogo pojedinaca ili kompanija koji će i dalje željeti da daju donacije.

Isus govori u Jevanđelju po Mateji 6:1-2: „*Pazite da pravdu svoju ne činite pred ljudima da vas oni vide; inače platu nemate od Oca svog koji je na nebesima. Kad dakle daješ milostinju, ne trubi pred sobom, kao što čine licemjeri po zbornicama i po ulicama da ih hvale ljudi. Zaista vam kažem: primili su platu svoju.*" Ako mi pomažemo drugima da bi pridobili počast od ljudi, mi ćemo biti možda počastvovani samo momenat, ali mi nećemo dobiti ni jednu nagradu od Boga.

Ovo davanje je samo iz samozadovoljstva ili da bi se hvalili time. Ako osoba radi u dobrotvorne svrhe formalno, njegovo srce će biti uzvišeno mnogo mnogo više kao da je dobio glavnu nagradu. Ako Bog blagoslovi ovakvu vrstu čovjeka, on će smatrati sebe primjernim iz Božjeg pogleda. Onda, on neće preobratiti svoje srce i to je samo opasnost za njega. Ako vi radite u dobrotvorne svrhe sa ljubavlju za vaše komšije, vi nećete mariti da li vas ljudi prepoznaju ili ne. To je zato što vi vjerujete da će vas nagraditi Bog Otac koji vidi šta vi radite u tajnosti (Jevanđelje po Mateju 6:3-4).

Dobrotvorni rad u Gospodu nije samo u snadbevanju osnovnim životnim potrebama kao što su odjeća, hrana ili sklonište. To je više u snadbevanju duhovnim hlebom da bi spasili dušu. Danas, bilo da su vjernici u Gospodu ili ne, mnogi ljudi govore da je uloga crkve da pomogne bolesnima, zanemarenima i siromašnima. To je naravno pogriješno, ali prva dužnost crkve je da propovjeda jevanđelje i da spase duše kako bi mogli da dostignu duhovni mir. Krajnji cilj dobrotvornog rada leži u ovim krajnjim ciljevima.

Prema tome, kada mi pomažemo drugima, veoma je važno da činimo prikladan dobrotvorni rad primajući vođstvo Svetog Duha. Ako je neka neprikladna pomoć data određenoj osobi, to će možda učiniti lakšim toj osobi da se udalji sebe čak i dalje od Boga. U najgorem slučaju, to može da ga odgurne ka putu smrti. Na primjer, ako mi pomognemo onima koji su postali siromašni zbog prekomjernog pijenja ili kockanja ili onima koji su u teškoćama zato što su stali protiv volje Božje, onda će im pomoć uzrokovati da odu na još pogrešniji put. Naravno to ne znači da mi ne smijemo da pomognemo onima koji čak nisu ni vjernici. Mi bi trebali da pomognemo nevjernicima prenoseći im ljubav Božju. Mi ne smijemo ipak da zaboravimo da je glavna namjera dobrotvornog rada širenje jevanđelja.

U slučaju novih vjernika koji imaju slabu vjeru, neophodno je da ih jačamo dok njihova vjera ne poraste. Ponekad čak i među onima koji imaju slabu vjeru, ima onih koji imaju urođene slabosti ili bolesti i drugih koji su imali saobraćajne nezgode zarađujući sami sebi za život. Ima i onih takođe mlađih građana koji žive sami ili djece koji moraju da poštuju domaćinstvo u odsustvu roditelja. Ovi ljudi mogu biti u očajnoj potrebi za dobrotvornim radom. Ako mi pomognemo ovim ljudima koji su u stvarnim potrebama, Bog će učiniti da naša duša napreduje i učiniće da nam sve stvari idu od ruke.

U Djelima Apostolskim 10 Kornelije je osoba koji je dobio blagoslov. Kornelije se plašio Boga i pomogao je veoma mnogo jevrejskom narodu. On je bio centurion, visoko kvalifikovani oficir okupatorske vojske koji je vladao nad Izraelom. U njegovoj situaciji mora da je bilo veoma teško da pomaže lokalnim ljudima. Jevreji mora da su bili stalno sumnjičavi zbog toga šta je on radio i njegove kolege su bile veoma kritične o tome šta je činio. Ali, zato što se plašio od Boga, on nije prestajao da radi dobra i dobrotvorna djela. Bog je vidio njegova djela nakon svega i poslao je Petra u njegovo domaćinstvo kako bi ne samo njegova direktna porodica već i svi ostali koji su bili sa njim primili Svetog Duha i spasenje.

Nije samo dobrotvorni rad koji mora biti učinjen sa duhovnom ljubavi već takođe i darovi Bogu. U Jevanđelju po Marku 12, mi čitamo o udovici koja je bila hvaljena od Isusa jer mu je dala darove svim njenim srcem. Ona je dala samo dva bakarna novčića, što je bilo sve od čega je morala da živi. Tako da, šta joj je Isus zapovjedio? Jevanđelje po Mateju 6:21 govori: *„...jer gdje je vaše blago, onde će biti i srce vaše.“* Kao što je rečeno, kada je udovica dala sve svoje životne troškove, to znači da je cijelo njeno srce bilo prema Bogu. To je bio izraz njene ljubavi za Boga. Suprotno tome, prinosi dati nevoljno ili nesvjesnim stavom i mišljenjem drugih ljudi to ne ugađa Bogu. Zbog toga, takvi darovi ne koriste davaocu.

Dozvolite nam sada da govorimo o samopožrtvovanju. „Ako predam tijelo svoje da se sažeže“ ovde znači „da žrtvujem sebe u potpunosti.“ Obično su žrtvovanja načinjena zbog ljubavi, ali ona mogu da načine ljubav praznu. Onda, koja su žrtvovanja urađena bez ljubavi?

Žaliti se zbog različitih stvari nakon što činite djela Božja je primjer žrtvovanja bez ljubavi. To je kada vi potrošite svu svoju snagu, vrijeme i novac na djela Božja, ali niko ne prepoznaje ili slavi to i onda se vi osjećate žalosno i žalite se zbog toga. To je kada vi vidite vaše kolege i osjećate da oni nisu toliko ljubomorni kao vi čak iako oni tvrde da vole Boga i Gospoda. Vi ćete možda reći sebi da su oni lijeni. Na kraju to je samo vaša osuda i optužba prema njima. Ovaj stav tajno usađuje želje da se suštinski okrenete prema drugima, da budete od njih slavljeni i da se hvalite arogantno zbog vaše ispunjenosti. Ova vrsta žrtvovanja može da naruši mir između ljudi i da uzrokuje da se slomi srce u Bogu. Ovakvo žrtvovanje bez ljubavi ne koristi ničemu.

Vi ne možete da se rečima žalite od spolja. Ali ako niko ne prepozna vaša predana djela, vi ćete biti rastuženi i mislićete da ste ništa i vaša revnost za Gospoda postaće hladna. Ako neko ukaže na vaše greške ili slabe tačke u djelima koja ste ispunili svom svojom snagom, koja su učinjena do mjere da ste i žrtvovali sebe, vi ćete možda izgubiti srce i krivićete one koji su vas kritikovali. Kada neko ubere više voća od vas i slavljen je i omiljen od drugih, vi postajete ljubomorni i ljuti na njega. Onda, bez obzira koliko ste odani i revnosni bili, vi ne možete da dostignete iskrenu radost nad vama. Vi ćete čak i odustati od vaših dužnosti.

Postoje takođe oni koji su ljubomorni samo kada drugi posmatraju. Kada nisu viđeni od drugih i nisu više primjećeni, oni postaju lijeni i rade svoja djela nasumično i neprikladno. Radije nego djela koja nisu spoljašnje primjećena, oni samo pokušavaju da ispune djela koja su posebno vidljiva drugima. To je zbog njihove želje da otkriju sebe njihovim pretpostavljenima i mnogim drugima i da budu pohvaljeni od njih.

Dakle, ako osoba ima vjeru kako bi mogao da napravi samo odricanja sa ljubavlju bez sadržaja? To je zato što im nedostaje duhovna ljubav. Njima nedostaje osjećaj pojsedovanja vjere u svoje srce koje je Gospodnje kao i njihovo i što je njihovo to je i Božje.

Na primjer, uporedite situaciju u kojoj jedan poljoprivrednik radi na svom polju i jedan seljak koji radi na drugom polju da bi dobio platu. Kada poljoprivrednik radi svoje polje on se rado znoji od ranog jutra do kasno u noć. On ne preskače neki poljoprivredni posao i radi sve bez izuzetaka. Ali kada unajmljena osoba na polju koje pripada nekoj drugoj osobi, on ne troši svu svoju energiju dok radi posao, već umjesto toga želi da sunce što prije zađe kako bi mogao da dobije svoju platu i da se vrati kući. Isti princip se je predstavljen takođe i u kraljevstvu Božjem. Ako ljudi nemaju ljubav za Boga u svojim srcima, oni će raditi za Njega površno kao unajmljene ruke koje samo žele svoju platu. Oni će gunđati i žaliće se ako ne dobiju platu koju su očekivali.

Zbog toga se u Poslanici Kološanima 3:23-24 govori: „*I sve šta god činite, od srca činite kao Gospodu, a ne kao ljudima, znajući da ćete od Gospoda primiti platu nasljedstva. Jer Gospodu Hristu služite.*" Pomažući drugima i žrtvovanjem sebe bez duhovne ljubavi nema ništa sa Bogom, što znači da mi ne možemo da dobijemo nikakvu nagradu od Boga (Jevanđelje po Mateju 6:2).

Ako mi želimo da se žrtvujemo sa iskrenim srcem, mi moramo da posjedujemo duhovnu ljubav u našim srcima. Ako je naše srce ispunjeno sa iskrenom ljubavi, mi možemo da nastavimo da se posvećujemo našem životu u Gospodu sa svim što imamo, bilo da nas drugi prepoznaju ili ne. Baš kao kada je svijeća zapaljena i gori u mraku, mi možemo da predamo sve što posjedujemo. U Starom Zavjetu, kada su svještenici ubili životinju da bi dali prinos Bogu kao žrtveni dar, oni su iscijedili njegovu krv i istopili su njegovu mast nad vatrom oltara. Naš Gospod Isus, kao životinja ponuđena kao žrtva pomirenja za naše grijehove, pustio je posljednju kapljicu krvi i vode da bi otkupio sve ljude od njihovih grijehova. On nam je pokazao primjer iskrenog žrtvovanja.

Zašto je njegova žrtva bila efektivna da bi mnogim dušama dao da dobiju spasenje? To je zato što je Njegova žrtva stvorena od savršene ljubavi. Isus je ispunio volju Božju do mjere da je žrtvovao Njegov život. On je ponudio posebnu molitvu za duše u poslednjem momentu razapeća (Jevanđelje po Luki 23:34). Zbog ovog iskrenog žrtvovanja, Bog je Njega uzdigao i dao je Njemu najljepše mjesto na Nebu.

Tako da, Poslanica Filipljanima 2:9-10 govori: „*Takođe iz ovog razloga, Bog visoko Njega povisi, i darova Mu ime koje je veće od svakog imena, da se u ime Isusovo pokloni svako koleno onih koji su na nebu i na zemlji i pod zemljom.*“

Ako mi odbacimo pohlepu i nečiste želje i žrtvujemo sebe čistog srca kao Isus, Bog će nas uzvisiti i povešće nas do veće pozicije. Naš Gospod obećava u Jevanđelju po Mateju 5:8: „*Blagosloveni su oni koji su čistog srca, jer će Boga vidjeti.*“ Tako da, mi ćemo dobiti blagoslove i moći ćemo da se suočimo sa Bogom licem u lice.

Ljubav koja ide iznad pravde

Pastor Jang Von Son (Yang Won Sohn) je nazvan „Atomska bomba ljubavi.“ On je pokazao primjer žrtvovanja napravljenom od iskrene ljubavi. On je brinuo o bolesnima od lepre svom svojom snagom. On je takođe stavljan u zatvor jer je odbio da služi u japanskoj ratnom svetilištu u pod japanskom komandom u Koreji. Uprkos njegovom posvećivanju djelima prema Bogu, on je morao da čuje strašne vijesti. U oktobru 1948.god., dvojicu od njegovih sinova ubili su vojnici ljevičari u pobuni protiv vladajućih vlasti.

Obični ljudi bi se žalili o Bogu govoreći: „Ako je Bog živ, kako je ovo mogao On da mi uradi?“ Ali on je samo zahvaljivao što su njegova dva sina bila mučenici i što su na Nebu pored Gospoda. Šta više, on je oprostio pobunjeniku koji mu je ubio dvojicu sinova i čak ga je usvojio kao sina. On je dao zahvalnost Bogu u devet aspekta zahvalnosti na sahrani sinova koja je veoma dodirnula srca mnogih ljudi.

„Najprije, ja dajem zahvalnost jer su moji sinovi postali mučenici iako su rođeni od moje loze, jer sam ja tako pun nepravednosti.

Drugo, dajem zahvalnost jer mi je Bog dao ove dragocijene moje da mu budu porodica pored tako mnogo porodica vjernika.

Treće, dajem zahvalnost što su obojica i moj prvi i drugi sin bili žrtvovani, koji su bili najlepši između tri moja sina i tri kćeri.

Četvrto, teško je da jedan sin postane mučenik, ali za mene da imam dva sina koji su postali mučenici, ja dajem zahvalnost.

Peto, blagoslov je umrijeti u miru sa vjerom u Gospoda Isusa i dajem zahvalnost jer su oni dobili slavu žrtvovanjem i bili su upucani i ubijeni dok su propovijedali jevanđelje.

Šesto, oni su se pripremali da idu u Sjedinjene Američke Države na studije i sada su otišli u kraljevstvo neba, što je mnogo bolje mjesto od Sjedinjenih Država. Ja sam smiren i dajem zahvalnost.

Sedmo, dajem zahvalnost Bogu koji mi je omogućio da usvojim kao hranitelj mog sina, neprijatelja koji je ubio moje sinove.

Osmo, dajem zahvalnost zato što vjerujem da će postojati obilno voće Nebesko kroz žrtvovanje mojih dvojice sinova.

Deveto, dajem zahvalnost Bogu koji mi je omogućio da razumijem Božju ljubav da mogu da se radujem u ovoj vrsti nevolje."

Da bi brinuo o bolesnim ljudima, pastor Jang nije se evakuisao čak i za vrijeme korejanskog rata. On je na kraju žrtvovan od strane komunističkih vojnika. On je brinuo o bolesnim ljudima koji su bili zanemareni od drugih i u dobroti on je ugostio njegovog neprijatelja koji je ubio njegove sinove. On je moga da žrtvuje sebe na način na koji je to radio zato što je bio ispunjen iskrenom ljubavi za Boga i druge duše.

U Poslanici Kološanima 3:14 Bog nam govori: „*A svrh svega toga obucite se u ljubav, koja je sveza savršenstva.*" Čak iako govorimo lijepim riječima anđela i imamo sposobnost proroštva i vjeru da pomjerimo planine i žrtvujemo sebe za one koji su u potrebi, želje nisu nešto savršeno iz Božjeg pogleda sve dok one nisu učinjene sa iskrenom ljubavi. Sada, dozvolite nam da se udubimo u svako značenje u iskrenoj ljubavi da bi došli do neograničene dimenzije ljubavi Božje.

Karakteristike ljubavi

„Ljubav dugo trpi, milokrvna je; ljubav ne zavidi;
ljubav se ne veliča, ne nadima se; ne čini šta ne valja,
ne traži svoje, ne srdi se, ne misli o zlu, ne raduje se nepravdi,
a raduje se istini; sve snosi, sve vjeruje, svemu se nada, sve trpi."

1. Korinćanima Poslanica 13:4-7

U Jevanđelju po Mateju mi nailazimo na scenu u kojoj je Isus žalosno gledao ka Jerusalimu znajući da je Njegovo vrijeme blizu. On je morao da visi na krstu u proviđenju Božjem, ali kada je mislio o nevoljama koja će doći nad Jevrejima i Jerusalimom, On nije mogao da Sebe ne žali. Učenici su se čudili i postavili su pitanje: *„I kakav je znak Tvog dolaska i kraja vijeka?“* (stih 3).

Tako da, Isus im je rekao o mnogim znakovima i žalosno je rekao da će se ljubav više ohladiti: *„I što će se bezakonje umnožiti, ohladneće ljubav mnogih“* (stih 12).

Danas, mi možemo znatno da osjetimo da se ljudska ljubav sve više hladi. Mnogi ljudi traže ljubav, ali oni ne znaju za iskrenu ljubav, odnosno duhovnu ljubav. Mi ne možemo da posjedujemo iskrenu ljubav samo zato što želimo da je imamo. Mi možemo da je dostignemo kada ljubav Božja uđe u naša srca. Mi onda možemo da počnemo da razumijemo šta je to i da odbacimo zlo iz naših srca.

Poslanica Rimljanima 5:5 kaže: *„...a nadanje neće se osramotiti, jer se ljubav Božja izli u srca naša Duhom Svetim koji je dat nama.“* Kao što je rečeno, mi možemo da osjetimo ljubav Božju kroz Svetog Duha u našim srcima.

Bog nam govori o svakoj osobini duhovne ljubavi u 1. Poslanici Korinćanima 13:4-7. Božja djeca treba da nauče o njima i da ih praktikuju kako bi mogli da budu glasnici ljubavi koji dozvoljavaju ljudima da osjete duhovnu ljubav.

1. Ljubav je strpljiva

Ako nekome nedostaje strpljenje, pored svih ostalih osobina duhovne ljubavi, on lako može da obeshrabri druge. Pretpostavimo da supervizor daje određeni posao nekome da odradi, a ta osoba ne obavlja taj posao dovoljno dobro. Tako da, supervizor brzo daje posao nekome drugom da ga završi. Prva osoba kojoj je dat posao će možda pasti u očaj zato što mu nije data druga šansa da se iskupi što nije radio dobro. Bog je stavio „strpljenje“ kao prvu osobinu duhovne ljubavi zato što je najglavnija osobina za kultivaciju duhovne ljubavi. Ako mi imamo ljubav, čekanje nije dosadno.

Jednom kada razumijemo ljubav Božju, mi pokušavamo da djelimo ljubav sa drugim osobama u našoj okolini. Ponekad mi pokušavamo da volimo druge na ovaj način, dobijamo suprotne reakcije od ljudi koji zaista mogu da slome naša srca ili da nam uzrokuju gubitak ili nas pak oštete. Onda, ovi ljudi neće izgledati ljubazno više i mi nećemo moći da ih dobro razumijemo. Da bi imali duhovnu ljubav, mi moramo da budemo strpljivi i da volimo čak i ove ljude. Čak iako nas oni ošamare, mrze nas ili pokušaju da nam nanesu nevolje bez razloga, mi moramo da kontrolišemo naše misli i da budemo strpljivi i da ih volimo.

Jedan član crkve me je zamolio da se molim zbog depresije njegove supruge. On je takođe rekao da je bio pijanac i da kad bi jednom počeo da pije postajao bi potpuno drugačija osoba i otežavao bi članovima njegove porodice. Njegova žena, međutim, bila je strpljiva svaki put i pokušavala je da prikrije njegove greške sa ljubavi. Ali njegove navike se nikada nisu promjenile i kako je vrijeme prolazilo on je postao alkoholičar. Njegova supruga je izgubila volju za životom i pala je u depresiju.

On je otežavao život svojoj porodici zato što je pio, ali došao je da primi moju molitvu zato što je još uvijek volio svoju suprugu. Nakon što sam čuo ovu priču, ja sam mu rekao: „Ako ti zaista voliš svoju suprugu, šta je toliko teško da prestaneš sa pušenjem i pićem?“ Oni nije rekao ništa i činilo se da mu nedostaje samopoštovanje. Osjećao sam se tužno zbog ove porodice. Molio sam se za njegovu ženu da bude izliječena od depresije i molio sam se za njega da dobije moć i prestane da puši i pije. Božja moć je bila nejvjerovatna! On je mogao da prestane da misli o piću odmah nakon što je primio moju molitvu. Prije toga nije bilo načina da on prestane da pije, ali on je odmah prestao nakon primljene molitve. Njegova supruga je takođe bila izliječena od depresije.

Biti strpljiv je početak duhovne ljubavi

Da bi kultivisali duhovnu ljubav, mi treba da budemo strpljivi sa drugima u bilo kojoj vrsti situacije. Da li vi patite u nelagodnosti u vašem istrajanju? Ili, kao u slučaju žene iz priče, da li postajete obeshrabljeni ako ste bili strpljivi duže vrijeme i ako se situacija nije promjenila ni malo na bolje? Onda, prije nego što stavljamo krivicu na druge ljude u nekim okolnostima, mi moramo najprije da provjerimo naša srca. Ako smi mi kultivisali istinu u potpunosti u našim srcima, ne postoji situacija u kojoj mi ne možemo da budemo strpljivi. Naime, ako mi ne možemo da budemo strpljivi, to znači da još imamo u našim srcima zlobu, što je neistina, do iste mjere da nam nedostaje strpljenje.

Biti strpljiv znači da smo strpljivi sami sa sobom u svim nevoljama sa kojima se borimo kada pokušavamo da pokažemo iskrenu ljubav. Može postojati teška situacija kada pokušavamo da volimo svakoga u povinovanju Riječi Božje i to je strpljenje duhovne ljubavi kada smo strpljivi u svim tim situacijama.

Ovo strpljenje se razlikuje od strpljenja kao o jednom od devet voća Svetog Duha u Poslanici Galaćanima 5:22-23. Kako se razlikuje? „Strpljenje" koje je jedno od devet voća Svetog Duha nam zapovijeda da budemo strpljivi u svemu za kraljevstvo i pravednost Božju dok strpljenje u duhovnoj ljubavi je biti strpljiv u kultivaciji duhovne ljubavi i zbog toga ono ima mnogo bliže i specifičnije značenje. Možemo reći da ono pripada iznad strpljenja koje je jedno od devet voća Svetog Duha.

U današnjem vremenu, ljudi veoma lako sude druge jer im stvaraju imovinsku štetu ili dobrobit. Postoji navala tužbi među ljudima. Mnogo puta oni tuže svoje supruge ili muževe, ili čak

Strpljenje kao u devet voćki Svetog Duha	1. To je odbaciti svu neistinu i kultivisati srce sa istinom 2. To je razumijeti druge, tražiti njihovu korist i biti u miru sa njima 3. To je primiti odgovore na molitve, spasenje i i stvari koje je Bog obećao

svoje roditelje ili djecu. Ako ste vi strpljivi prema drugima, ljudi će vas možda ogovarati govoreći da ste blesavi. Ali šta Isus kaže?

Rečeno je u Jevanđelju po Mateju 5:39: „*A Ja vam kažem da se ne branite oda zla, nego ako te ko udari po desnom tvom obrazu, obrni mu i drugi*" i u Jevanđelju po Mateju 5:40: „*I koji hoće da se sudi s tobom i košulju tvoju da uzme, podaj mu i haljinu.*"

Isus ne samo da nam govori da ne uzvraćamo zlo sa zlobom, već i da budemo strpljivi. On nam takođe govori da budemo dobri prema onima koji su zlobni. Mi ćemo možda misliti: „Kako možemo da budemo dobri prema njima kada smo toliko ljuti i povrijeđeni?" Ako mi imamo vjeru i ljubav, mi smo više nego sposobni da učinimo tako. To je vjera u ljubav Božju koji nam je dao Njegovog jednorođenog Sina kao milosnu žrtvu za naše grijehove. Ako vjerujemo da smo dobili ovu vrstu ljubavi, onda mi možemo da oprostimo ovim ljudima koji su nam uzrokovali velike patnje i bili nepravedni prema nama. Ako volimo Boga koji je volio nas do mjere da je dao Njegovog jednorođenog Sina zbog nas, i ako volimo Gospoda koji je dao Njegov život za nas, mi ćemo moći da volimo sve i svakoga.

Strpljenje bez granica

Neki ljudi izbacuju svoju mržnju, ljutnju ili narav i druga negativna osjećanja sve dok na kraju ne dostignu granicu svoje strpljivosti i konačno ne prepuknu. Neki introventni ljudi ne izražavaju sebe olako već samo pate u svojim srcima a to dovodi do nepovoljnih uslova po njihovo zdravlje uzrokovano stresom.

Takva strpljivost je kao pritiskanje metalne opruge sa rukama. Ako sklonite ruke sa njega, ono će samo uzdigne i odskoči.

Vrsta strpljenja koju Bog želi da mi imamo je da budemo strpljivi sve do kraja bez promjene našeg stava. Da budem više određeniji, ako mi imamo ovu vrstu strpljivosti, mi nećemo ni morati u ničemu da budemo strpljivi. Mi nećemo sakupljati mržnju i ogorčenost u našim srcima, već ćemo da pomjerimo zlu narav koja uzrokuje loša osjećanja i promjenićemo je u ljubav i saosećanja. Ovo je srž duhovnog značenja strpljenja. Ako mi nemamo ni malo zla u našim srcima već ispunjenost u duhovnoj ljubavi, nije teško da volimo čak ni naše neprijatelje. U stvari, mi nećemo dozvoliti ni jednom neprijatelju da se na prvom mjestu razvija.

Ako je naše srce ispunjeno mržnjom, svađom, ljutnjom ili ljubomorom, mi ćemo prvo vidjeti negativne tačke drugih ljudi čak iako smo dobronamjerni. To je isto kao kada nosimo naočare za sunce u kojima sve izgleda mračno. Sa druge strane, međutim, ako su naša srca puna ljubavi, onda čak i ljudi koji čine zlo će ipak izgledati prijatno. Bez obzira na razliku, nedostatke, greške ili slabosti, mi nećemo da ih mrzimo. Čak iako oni nas mrze i čine zlo prema nama, mi nećemo da ih mrzimo zauzvrat.

Strpljenje je takođe srce Isusa koji „trsku stučenu neće prelomiti i sveštilo zapaljeno neće ugasiti." To je u srcu Stefana koji se molio čak i za one koji su ga kamenovali govoreći: „*Gospode, ne primi im ovo za grijeh!*" (Djela Apostolska 7:60). Oni su njega kamenovali samo zato što im je propovedao jevanđelje. Da li je bilo teško Isusu da voli griješnike? Nikako! To je zato što je Njegovo srce sama istina.

Jednog dana Petar je postavio pitanje Isusu. *„Gospode! Koliko puta ako mi sagriješi brat moj da mu oprostim? Do sedam puta?"* (Jevanđelje po Mateju 18:21). Onda je Isus rekao: *„Ne velim ti do sedam puta, nego do sedam puta sedamdeset"* (stih 22).

Ovo ne znači da mi treba da oprostimo sedamdeset puta sedam, što je 490 puta. Sedam u duhovnom smislu simbolizuje savršenstvo. Prema tome, oprostiti sedamdeset puta sedam skraćenica je od savršenog opraštanja. Mi možemo da osjetimo bezgraničnu ljubav i praštaj Isusa.

Strpljenje koje ispunjava duhovnu ljubav

Naravno, nije lako da preko noći okrenemo našu mržnju u ljubav. Mi moramo da budemo strpljivi duže vrijeme, bez prestanka. Poslanica Efežanima 4:26 govori: *„Gnevite se i ne griješite; sunce da ne zađe u gnevu vašem."*

Ovde se kaže: „gnevite se" obraćajući se onima koji imaju slabu vjeru. Bog govori onim ljudima da čak i kada se naljute zbog nedostatka svoje vjere, oni ne smeju da kriju svoju ljutnju do zalaska sunca, naime „duže vrijeme," već da puste taj osjećaj da nestane. U okviru mjere vjere svakoga, čak i kada osoba ima loša osjećanja i raste ili izlazi iz njegovog srca ljutnja, ako on pokuša da odbaci sva ova osjećanja strpljivo i istrajno, on može da promijeni njegovo srce u istini i duhovna ljubav će rasti u njegovom srcu malo po malo.

Što se tiče griješne prirode koja je učvršćena duboko u srcu, osoba može da je odbaci sa revnosnim molitvama i ispunjenošću

Svetim Duhom. Veoma je važno da pokušamo da gledamo ljude koji nam nisu dragi i da im pokažemo djela u dobroti. Kako to uradimo, mržnja u našim srcima će uskoro nestati i mi ćemo moći da volimo te ljude. Mi nećemo imati sukobe i neće postojati niko koga mrzimo. Mi ćemo takođe moći da živimo srećnim životom kao na Nebu baš kao što je Gospod rekao: *„Gle, carstvo je Božje unutra u vama"* (Jevanđelje po Luki 17:21).

Ljudi kažu da se osjećaju kao na Nebu kada su mnogo srećni. Slično tome, kraljevstvo neba u našim mislima se odnosi na to da smo odbacili svu neistinu iz srca i da smo se ispunili istinom, ljubavi i dobrotom. Onda vi ne morate das budete strpljivi, zato što ste uvijek srećni i radosni i prepuni milosti i zato što volite svakoga okolo vas. Što ste više odbacili zlobu i ispunili dobrotu, tim manje treba da budete strpljivi. Što ste više ispunjeniji duhovnom ljubavi, vi ne morate da budete strpljivi potiskujući osjećanja; vi ćete moći da strpljivo i mirno čekate da se drugi promjene u ljubavi.

Na Nebu ne postoje suze, nema žalosti i nema bola. Pošto nema ni malo zla već samo dobrota i ljubav na Nebu, vi nećete mrzeti nikoga, nećete se ljutiti ili biti tvrdoglavi prema nekome. Tako da, vi nećete morati da se uzdržavate ili da kontrolišete vaša osjećanja. Naravno naš Bog ne mora da bude strpljiv u ničemu zato što je On sama ljubav. Razlog zbog kojeg nam Biblija govori da je „ljubav strpljiva" je taj da, kao ljudi, mi imamo dušu i misli i mentalne okvire. Bog želi da pomogne ljudima da razumiju. Što ste više odbacili zlobu i ispunili dobrotu, tim manje treba da budete strpljivi.

Okretanje neprijatelja u prijatelja kroz strpljenje

Abraham Linkoln, šesnaesti predsjednik Sjedinjenih Država i Edvin Staton nisu bili na dobrom glasu kada su bili advokati. Staton je poticao iz bogate porodice i imao je dobro obrazovanje. Linkolnov otac je bio siromašan obućar i nije čak ni završio osnovnu školu. Staton se podsmevao Linkolnu pogrdnim riječima. Ali Linkoln se nikada nije ljutio i nikada nije uzvraćao zlobom.

Nakon što je Linkoln bio izabran za predsjednika, on je postavio Statona za sekretara rata, što je bilo jedna od većih pozicija u kabinetu. Linkoln je znao da je Staton bio prava osoba za to. Kasnije, kada je Linkoln bio upucan u Fordovom pozorištu, mnogi ljudi su bježali da bi spasili život. Ali Staton je trčao pravo prema Linkolnu. Držeći Linkolna u svom naručju i sa očima ispunjenim suzama, on je rekao: „Ovde leži najveći čovjek ikada viđen na svijetu. On je najveći vođa u istoriji."

Strpljenje u duhovnoj ljubavi može da donese čuda da neprijatelja pretvori u prijatelja. Jevanđelje po Mateju 5:45 kaže: *„...da budete sinovi Oca svog koji je na nebesima; jer On zapovijeda svom suncu, te obasjava i zle i dobre, i daje dažd pravednima i nepravednima."*

Bog je strpljiv čak i prema onim ljudima koji čine zlo, čekajući dan kada će da se promijene. Ako se mi ophodimo loše prema lošim osobama, to znači da smo i mi loši, ali ako smo strpljivi i volimo ih gledajući prema Bogu koji će nas nagraditi, mi ćemo da dobijemo prelijepo mjesto boravka kasnije na Nebu (Psalmi 37:8-9).

2. Ljubav je ljubazna

Među Ezopovim basnama postoji priča o suncu i vjetru. Jednog dana sunce i vjetar su se kladili ko će prvi da skine kaput prvom prolazniku. Vetar je pošao prvi i trijumfalno i nadmeno poslao je dovoljno jak nalet vjetra koji bi oborio drvo. Čovek se umotao još čvršće svojim kaputom. Sljedeće, sunce, nosivši osmeh na svom licu, nežno je pružilo tople sunčeve zrake. Kako je postalo toplo, čovjek je osjetio toplinu i uskoro je skinuo kaput.

Ova priča nam daje veoma dobru lekciju. Vjetar je pokušao da prisili čovjeka da skine svoj kaput, ali sunce je učinilo da čovjek samovoljno skine njegov kaput. Ljubaznost je nešto veoma slično. Ljubaznost je dodirnuti i osvojiti srca drugih ne fizičkim naporom, već dobrotom i ljubavi.

Ljubaznost prihvata svaku vrstu osobe

Onaj koji ima ljubaznost može da prihvati svaku osobu i mnogi ljudi mogu da se odmore uz njega. Definicija iz riječnika o ljubaznosti je: „kvalitet ili stanje ljubaznosti“ i biti ljubazan je biti strpljive naravi. Ako razmišljate o parčetu pamuka, onda bolje možete da razumijete ljubaznost. Pamuk ne stvara nikakvu buku čak i kada ga udarite drugim predmetom. Ono samo prigrljuje druge predmete.

Takođe, ljubazna osoba je kao drvo uz koje mnogi ljudi mogu da se odmore. Ako vi stanete ispod velikog drveta ljetnjeg vrelog dana da bi izbjegli prženje na suncu, vi možete da se osjećate mnogo bolje i hladnije. Slično tome, ako neki ima ljubazno srce, mnogi ljudi će poželjeti da budu uz takvu osobu i da se odmore uz njega.

Obično, kada je čovjek toliko ljubazan i drag da ne može da se ljuti na svakoga i da mu dosađuje, i ne insistira na sopstvenom mišljenju, za njega se kaže da je drag i dobronamjerna osoba. Ali bez obzira koliko je drag i mio, ako dobrota nije prepoznata od Boga, on ne može da bude usvojen kao veoma draga osoba. Postoje neki koji se povinuju drugima veoma dobro samo zato što je njihova narav slaba i konzervativna. Postoje drugi koji prikrivaju svoju ljutnju čak iako su njihove misli uznemirene kada im drugi zadaju teška vremena. Ali oni ne mogu biti smatrani ljubaznim. Ljudi koji nemaju nimalo zla već imaju samo ljubav u svojim srcima prihvataju i suočavaju se sa ljudima sa duhovnom dobrotom.

Bog želi duhovnu ljubaznost

Duhovna ljubaznost je ishod ispunjenja duhovne ljubavi koja nema zla. Sa ovom duhovnom ljubaznosti vi ne stajete ispred nikoga već ga prihvatate, bez obzira koliko je on podao. Takođe, vi podnosite zato što ste mudri. Ali mi treba da se sjetimo da ne možemo biti smatrani ljubaznim samo zato što smo bezuslovno razumijeli i oprostili drugima i što smo nježni prema svima. Mi takođe moramo da imamo pravednost, dostojanstvo i vlast da bi mogli da povedemo i imamo uticaj na druge. Tako da, duhovno ljubazna osoba nije samo nježna, već je i mudra i pravična. Takva osoba živi primjeran život. Da bi bili više određeniji o duhovnoj ljubaznosti, to je imati dobrotu u srcu iznutra kao i različitu velikodušnost sa spolja.

Čak iako posjedujemo vrstu srca koje nema zlobu već samo dobrotu, ako imamo samo unutrašnju nježnost, ta nježnost sama ne može da nas natjera da zagrlimo i da imamo pozitivan uticaj nad drugima. Tako da, kada mi posjedujemo ne samo u8n unutrašnju ljubaznost već i spoljašnje osobine različite dobrote, naša ljubaznost može biti savršena i mi pokazujemo veću moć. Ako posjedujemo velikodušnost zajedno sa ljubaznim srcem, mi možemo da okupimo srca mnogih ljudi i da ispunimo mnogo više.

Jedan može da pokaže iskrenu ljubav kada ima dobrotu i ljubaznost u srcu, ispunjenost u strastima i čestitu velikodušnost da bi mogao da povede druge ka pravom putu. Onda, on može da povede mnoge duše ka pravom putu spasenja, što je pravi put. Ljubaznost iznutra ne može da sija bez razne velikodušnosti sa spolja. Sada, dozvolite nam da najprije pogledamo šta bi trebali da uradimo da bi kultivisali unutrašnju ljubaznost.

Uslov da se izmjeri unutrašnja ljubaznost je posvećenje

Kako bi ispunili ljubaznost, najprije mi moramo da se otarasimo od zlobnog srca i postanemo posvećeni. Ljubazno srce je kao pamuk i čak iako se neko ponaša agresivno, ono ne pravi galamu nego samo grli takvu osobu. Jedan koji ima ljubazno srce nema ni malo zla i nema nikakve konflikte sa nijednom drugom osobom. Ali ako imamo oštro srce mržnje, ljubomore i otvrdlo srce samopravednosti i tvrdoglavost u svojim okvirima, veoma je teško za nas da zagrlimo druge.

Ako kamen padne dole i udari o drugi kamen od zemlje ili se zabije u metalni predmet, ono pravi zvuk ili odzvanja. Na isti način, ako je naša tjelesnost još živa, mi oživljavamo neprijatna osjećanja čak iako drugi uzrokuju samo malu neugodnost. Kada su ljudi prepoznati kao koji imaju različite osobine i druge greške, mi možda nećemo prekrivati, zaštititi ili razumijeti njih već ćemo umjesto toga da ih osuđujemo, optužujemo, širimo glasine ili ćemo ih klevetati. Onda to znači da smo kao tanka posuda, koja će preliti ako stavimo nešto u nju.

To je malo srce koje je ispunjeno sa malim praznim stvarima koje nema više prostora da prihvati ništa drugo. Na primjer, mi ćemo se naći uvređeni ako neko drugi ukaže na naše greške. Ili, kada vidimo da drugi šapuću, mi ćemo možda misliti da oni pričaju o nama i pitaćemo se o čemu pričaju. Mi ćemo možda i osuđivati druge samo zato što nas posmatraju direktno.

Nemati ni malo zla je osnovni uslov za kultivaciju ljubaznosti. Razlog je da kada ne postoji zlo mi možemo da cijenimo druge u našim srcima i možemo da ih gledamo kroz dobrotu i ljubav. Ljubazna osoba gleda na druge ljude sa milošću i saosećanjem sve vrijeme. On nema nikakvu namjeru da osuđuje ili optužuje druge; on samo pokušava da razumije druge sa ljubavi i dobrotom i čak i zla ljudska srca će omekšati njegovom toplotom.

Veoma je važno da oni koji uče i vode druge budu posvećeni. Do mjere da su imali zlo, oni će nametnuti sopstvene tjelesne misli. Do iste mjere, oni ne mogu jasno da razaznaju situaciju zajednice i zbog toga neće moći da vode duše do zelenih pašnjaka i mirnih voda. Mi možemo da dobijemo vođstvo Svetog Duha i razumijemo situaciju zajednice jasno ih povedemo na najbolji način samo kada smo potpuno posvećeni. Bog takođe može samo da prizna one koji su potpuno posvećeni da bi bili iskreno ljubazni. Različiti ljudi imaju različite stavove o kojoj vrsti ljudi su ljubazni ljudi. Ali ljubaznost iz ljudskog pogleda i pogleda Božjeg se razlikuje jedna od druge.

Bog je prepoznao Mojsijevu ljubaznost

U Bibliji, Mojsije je bio prepoznat od Boga zbog njegove ljubaznosti. Mi možemo da naučimo koliko je važno biti prepoznat od Boga iz Brojeva poglavlje 12. Jednom su Mojsijev brat Aron i njegova sestra Mirijam kritikovali Mojsija zato što se oženio sa ženom Kušita.

Brojevi 12:2 potvrđuju: *„...i rekoše: „Zar je samo preko Mojsija govorio GOSPOD? Nije li govorio i preko nas?“ I to ču GOSPOD.“*

Šta je Gospod rekao na to što su oni rekli? *„Njemu govorim iz usta k ustima, i on me gleda doista, a ne u tami niti u kakvoj prilici GOSPODNJOJ. Kako se dakle ne pobojaste vikati na slugu mog, na Mojsija?“* (Brojevi 12:8).

Aronovi i Mirijanini osuđujući komentari prema Mojsiju su naljutili Boga. Zbog toga je Mirijam postala bolesna od lepre. Aron je bio kao Mojsijev potparol i Mirijam je takođe bila kao jedna od vođa skupa. Misleći da su njih dvoje veoma voljeni i prepoznati od strane Boga, kada su pomislili da je Mojsije uradio nešto loše oni su njega odmah kritikovali zbog toga.

Bog nije prihvatio Aronovi i Mirijamino osuđivanje i govorenje protiv Mojsija u skladu sa njihovim sopstvenim stavovima. Koja vrsta čovjeka je bio Mojsije? On je bio prepoznat od Boga kao najpokorniji i najplemenitiji između svih na licu zemlje. On je takođe bio odan cijelom Božjem domaćinstvu i zbog toga je Bog imao povjerenje u njega toliko da on čak i mogao da razgovara sa Bogom usta na usta.

Ako mi pogledamo u napredak ljudi Izraela koji su bežali iz Egipta i išli ka zemlji Kana, mi možemo da razumijemo zašto je Božje prepoznavanje Mojsija bilo tako uzvišeno. Ljudi koji su izašli iz Egipta ubrzo su počinili grijehove i išli protiv volje Božje. Oni su se žalili protiv Mojsija i okrivljivali i za najmanje poteškoće, a to je bilo isto kao i žaliti se protiv Boga. Svaki put kada su se žalili, Mojsije je tražio za Božju milost.

Postojao je incident koji je dramatično pokazao Mojsijevu ljubaznost. Dok je Mojsije bio gore na planini Sinaji da bi dobio zapovijesti, ljudi su napravili idola, zlatno tele, i oni su jeli, pili i upuštali sami sebe u rasipništvo dok su mu služili. Egipćani su služili bogovima poput bika ili krave i oni su imitirali takve bogove. Bog je njima pokazao da je uz njih mnogo puta, ali oni nisu pokazali nijedan znak promjenljivosti. Na kraju, Božja kletva pala je na njih. Ali u ovom momentu Mojsije se založio za njih stavljajući sopstveni život kao zalog: *„Ali sada, ako Ti hoćeš, oprosti im grijeh, ako li nećeš, izbriši me iz knjige Svoje, koju si Ti napisao!"* (Izlazak 32:32).

„Tvoje knjige koju si Ti napisao" se odnosi na knjigu života u kojoj su zapisana imena onih koji su spašeni. Ako je vaše ime izbrisano iz knjige života, vi ne možete biti spašeni. To ne znači samo da vi nećete dobiti spasenje, već znači da ćete morati da patite u Paklu zauvijek. Mojsije je znao o životu posle smrti veoma dobro, ali ipak je želio da spasi ljude čak i kada bi morao da odustane od svog spasenja za njih. Takvo srce Mojsija je bilo veoma slično srcu Boga koji ne želi da bilo ko iščezne.

Mojsije je kultivisao ljubaznost kroz iskušenja

Naravno, Mojsije nije imao takvu ljubaznost od početka. Iako je bio Jevrejin on je bio odgajan kao sin Egipćanske princeze i nije mu ništa nedostajalo. On je dobio obrazovanje najviših škola Egipćanskog znanja i borilačkih veština. On je takođe imao ponos i samopravednost. Jednog dana, on je video tuču Egipćanina i Jevreja i zbog svoje samopravednosti je ubio Egipćanina.

Zbog ovoga on je preko noći postao izbjeglica. Na žalost, on je posta pastir u pustinji uz pomoć svještenika Midiana, ali je sve izgubio. Voditi stado ovaca je bilo u Egiptu nešto najniže. Četrdeset godina je morao da radi ono što je gledao sa visine. U međuvremenu on se pokorio u potpunosti, razumio mnoge stvari o ljubavi Božjoj i životu.

Bog nije pozvao Mojsija, princa Egipta da bude vođa ljudi Izraela. Bog je pozvao Mojsija pastira koji je pokorio samog sebe mnogo puta i čak prizivao Boga. On se u potpunosti pokorio i odbacio zlo iz svog srca kroz iskušenja i iz ovog razloga on je mogao da povede više od 600.000 ljudi iz Egipta do zemlje Kana.

Tako da, važna stvar u kultivisanju ljubaznosti je da treba da kultivišemo dobrotu i pokorno volimo druge ispred Boga u iskušenjima koja su nam dozvoljena da ih prevazilazimo. Mjera pokornosti čini takođe i razliku u našoj ljubaznosti. Ako smo mi zadovoljni sa trenutnim stanjem misleći da smo kultivisali istinu do neke mjere i da smo prepoznati od drugih kao u Aronovom i Mirijaminom slučaju, mi ćemo samo postati još više arogantniji.

Nevina velikodušnost usavršava duhovnu ljubaznost

Kako bi kultivisali duhovnu ljubaznost mi moramo ne samo da postanemo posvećeni odbacivanjem svih formi zla, već takođe moramo da kultivišemo nevinu velikodušnost. Nevina velikodušnost je mudro razumijevanje i pravedno prihvatanje drugih; uraditi prave stvari u skladu sa dužnostima čovjeka; i to je imati osobinu da dozvolimo drugima da predaju i da pokore svoja srca, razumijući njihove nedostatke i prihvatajući ih a ne sa fizičkom moći. Ljudi koji su kao ovi imaju ljubav da inspirišu povjerenje i oslonac u drugima.

Nevina velikodušnost je kao odjeća koju ljudi nose. Bez obzira koliko smo mi dobri u srcu, da smo goli, na nas bi se od strane drugih gledalo odozgo. Slično tome, bez obzira koliko da smo ljubazni, mi ne možemo zaista da pokažemo vrijednost naše ljubaznosti ukoliko imamo ovu nevinu velikodušnost. Na primjer, osoba je ljubazna iznutra, ali ona govori mnogo nepotrebnih stvari kada se obraća drugima. Takva osoba nema zle namjere dok to čini, ali ona ne može da zaista zasluži povjerenje drugih jer ne izgleda naročito prikladno ili obrazovano. Neki ljudi nemaju nikakvu ljutnju zato što imaju ljubaznost i oni ne uzrokuju nikakvu štetu drugima. Ali ako oni ne pomažu aktivno drugima ili sa osjećanjem brinu o drugima, veoma je teško za njih da osvoje srca mnogih ljudi.

Cvijeće koje nema prelepe boje ili predivan miris ne može da izmami nijednu pčelu ili leptira da sleti na njega, iako ima mnogo nektara. Slično tome, čak iako smo mnogo ljubazni i možemo da okrenemo i drugi obraz ako nas neko udari u jedan, naša ljubaznost ne može zaista da zasija ukoliko mi imamo nevinu velikodušnost u našim riječima i djelima. Iskrena ljubaznost je ispunjena i može da pokaže svoju pravu vrijednost samo kada unutrašnja ljubaznost nosi spoljašnju odjeću nevine velikodušnosti.

Josif je imao ovu nevinu velikodušnost. On je bio jedanaesti sin Jakova, oca svih Izraelaca. Njega su mrzila njegova braća i prodali su ga kao roba u Egiptu u ranim godinama. Ali sa pomoć Božju on je postao prvi ministar Egipta u tridesetoj godini. Egipat je u to vreme bio veoma snažna nacija nastanjena na Nilu. On je bio jedan od četiri glavne „kolevke civilizacije." Vladaoci i ljudi su bili veoma ponosni na sebe i nije to bilo nešto tako lako da se postane prvi ministar kao stranac. Da je on napravio samo jednu grešku, on bi morao da odustane od toga odmah.

Čak i u takvoj situaciji međutim, Josif je vladao Egiptom veoma dobro i mudro. On je bio ljubazan i pokoran i nije imao nikakve greške u njegovim riječima i djelima. On je takođe imao mudrost i dostojanstvo kao vladalac. On je imao moć i bio je odmah drugi do kralja, ali on nije pokušavao da dominira ljudima ili sebe da ističe. Bio je stog prema sebi, ali bio je veoma velikodušan i blag prema drugima. Zbog toga kralj i ostali ministri nisu imali potrebe da imaju rezervu ili da budu što se tiče njega obazrivi ili ljubomorni prema njemu; oni su stavili svoje potpuno povjerenje u njega. Iz ove činjenice mi možemo da zaključimo koliko su toplo Egipćani dočekali Josifovu porodicu, koji se preselio u Egipat iz Kana da bi izbjegao glad.

Josifova ljubaznost je praćena nevinom velikodušnosti

Ako neko ima ovu nežnu velikodušnost, to znači da ima široko srce i on neće širiti osude i optužbe na druge svojim stavovima iako je on odvažan u njegovim riječima i djelima. Ove osobine Josifove su dobro predstavljene kada su njegova braća koja su ga prodala kao roba u Egiptu, ušli u Egipat u potrazi za hranom.

Najprije, braća nisu odmah prepoznala Josifa. To je sasvim razumljivo jer ga oni nisu vidjeli više od dvadeset godina. Šta više, oni nisu mogli ni da zamisle da je Josif postao prvi ministar Egipta. Sada, šta je Josif osjetio kada je vidio svoju braću koja su ga zamalo ubila ali na kraju su ga prodali kao roblje u Egiptu? On je imao moć da im naplati za njihove grijehe. Ali Josif nije htio da se osveti. On je sakrio svoj identitet i testirao ih je nekoliko puta da vidi da li su se njihova srca promjenila ili su ista kao u prošlosti.

Josif im je u stvari dao šansu da se sami pokaju u svojim grijehovima ispred Boga, zato što gre u planiranju ubistva i prodavanje sopstvenog brata kao roba drugoj zemlji nije bilo nešto beznačajno. On im nije samo bez razlike oprostio niti ih je kaznio, već je navodio tok situacije da bi njegova braća mogla sama da se pokaju u sopstvenim grijehovima. Na kraju, samo onda kada su se njegova braća sjetila svoje greške i požalila, Josif je otkrio svoj identitet.

U tom momentu, njegova braća su počela da se plaše. Njihovi životi su bili u rukama njihovog brata Josifa koji je sasda prvi ministar Egipta, najjače nacije na zemlji u to vrijeme. Ali Josif nije imao želju da ih upita zašto su učinili to što su učinili. On ih nije plašio govoreći im: „Sada ćete vi platiti za svoje grijehe." Radije on je pokušavao da im ugodi i da im olakša misli. *„A sada nemojte žaliti niti se kajati što me prodadoste ovamo, jer Bog mene posla pred vama radi života vašeg"* (Postanak 45:5).

On je prepoznao činjenicu da je sve po planu Božjem. Josif ne samo da je oprostio svojoj braći već je i ugađao njihovim srcima dirljivim riječima, razumijući ih u potpunosti. To znači da je Josif pokazao djela koja bi mogla dodirnuti i neprijatelja, što je spoljašnja nevina velikodušnost. Josifova ljubaznost ispunjena nevinom velikodušnosti je bila izvor moći da spase mnogo duša u i van Egipta i u osnovi ispuni Božji nevjerovatan plan. Kao što je do sada objašnjeno, nevina velikodušnost je spoljašnji izraz unutrašnje ljubaznosti, i ona može da dotakne srca mnogih ljudi i da pokaže veliku moć.

Posvećenje je neophodno da bi imali nevinu velikodušnost

Baš kao što unutrašnja ljubaznost može biti ispunjena kroz posvećenje, nevina velikodušnost može takođe da se kultiviše kada odbacimo zlo i postanemo posvećeni. Naravno, čak iako neko nije posvećen, on će možda moći da pokaže nežnu velikodušnost do neke mjere kroz obrazovanje ili zato što je rođen širokog srca. Ali iskrena nevina velikodušnost može da izađe iz srca koje je slobodno od zla i koje prati samo istinu. Ako mi želimo da kultivišemo nevinu velikodušnost u potpunosti, nije dovoljno samo da izvučemo glavno korenje zla iz naših srca. Mi moramo da odbacimo čak i tragove zla (1. Solunjanima Poslanica 5:22).

To je citirano iz Jevanđelja po Mateju 5:48: „*Budite vi dakle savršeni, kao što je savršen Otac vaš nebeski.*" Kada smo mi odbacili sve vrste zla iz srca i takođe postali nevini u našim riječima i ponašanju, mi možemo da kultivišemo ljubaznost tako da mnogi ljudi mogu da se odmore uz nas. Iz ovog razloga mi ne smijemo da se zadovoljimo kada smo na kraju dostigli nivo gdje smo odbacili zlo kao što je mržnja, ljutnja, ljubomora, arogancija i tvrdoglavost. Mi takođe treba da odvojimo čak i sitna nedjela od tijela i da pokažemo djela istine kroz Riječ Božju i revnosne molitve primajući vođstvo Svetog Duha.

Koje su nedjela tijela? Poslanica Rimljanima 8:13 govori: „*Jer ako živite po tijelu, pomriječete; ako li duhom poslove tjelesne morite, živjećete.*"

Tijelo se ovde ne odnosi samo na fizičko tijelo. Tijelo se duhovno odnosi na tijelo čovjeka nakon što se istina povukla iz njega. Zbog toga, djela tijela se odnose na djela koja potiču od neistine koja je ispunila ljudstvo koje se promjenilo u meso. Djela tijela uključuju ne samo dokaze grijehova već takođe i vrstu nesavršenih potreba ili djela.

Ja imam određeno iskustvo iz prošlosti. Kada samo dodirivao neki predmet, osjećao sam kao da sam dobijao električni šok i mogao sam svaki put da padnem u grč. Počeo sam da se plašim od dodirivanja bilo čega. Prirodno, kad god bih dodirnuo nešto poslije toga, imao bi molitvene misli pozivajući Gospoda. Nisam imao takva osjećanja kada bih dodirivao predmete pažljivo. Kada sam otvarao vrata, držao sam kvaku veoma nježno. Morao sam da budem veoma oprezan čak i kada sam se rukovao sa članovima crkve. Takav fenomen trajao je nekoliko mjeseci i svako moje ponašanje je bilo oprezno i nježno. Kasnije sam shvatio da je Bog moja djela načinio savršenim kroz moje tijelo kroz ovo iskustvo.

Možda će se smatrati beznačajnim, ali put ponašanja svakog pojedinca je veoma važan. Neki ljudi iz navike imaju fizičke kontakte sa drugima kada se smiju ili razgovaraju sa ljudima koji su odmah pored njih. Neki imaju veoma glasan glas bez obzira na vrijeme i mjesto i čine neprijatnost drugima. Ovo ponašanje nisu velike greške ali su i dalje nesavršena mala djela tijela. Oni koji imaju nevinu velikodušnost imaju pravično ponašanje u svakodnevnom životu i mnogi ljudi bi željeli da se odmore uz njih.

Promjeniti osobine srca

Sljedeće, mi moramo da kultivišemo osobine naših srca da bi posjedovali nevinu velikodušnost. Osobine srca se odnose na veličinu srca. U skladu sa osobinama svačijeg srca, neki ljudi čine više nego što je očekivano od njih dok neki drugi rade samo ono što im je pripisano da urade ili ponekad čak i manje od toga. Čovjek sa nevinom velikodušnosti ima osobine srca koje donosi mudrost tako da on ne samo da gleda svoje lične stvari već se takođe brine i o drugima.

Poslanica Filipljanima 2:4 govori: „*Ne gledajte svaki za svoje, nego i za drugih.*" Ova osobina srca može da se razlikuje u skladu sa time koliko smo mudro raširili naše srce u svim okolnostima, tako da možemo da ga promjenimo u učestalim naporima. Ako mi nestrpljivo gledamo samo na sopstvene interese, mi bi trebali da se molimo do detalja i promjenimo naše ograničene misli u one široke koje prvo razmatraju korist i situaciju drugih.

Sve dok nije prodat u ropstvo u Egiptu, Josif je bio podizan kao biljka i cvijeće koje raste u zelenoj kućici. On nije mogao da vodi računa o svakoj aferi kuće ili da mjeri srca i ponašanje njegove braće koji nisu voljeni od strane oca. Kroz različita iskušenja, on je počeo da posjeduje srce da obrati pažnju i da savlada svaki ugao u svojoj okolini i on je naučio kako da razmatra srca drugih.

Bog je raširio Josifovo srce u pripremanju za vrijeme kada će Josif postati prvi ministar Egipta. Ako mi ispunimo ove osobine srca zajedno sa vrstom nevinog srca, mi takođe možemo da savladamo i da brinemo o značajnim organizacijama. To je vrlina koju vođa mora imati.

Blagoslovi za kralja

Koje vrste blagoslova će biti date onima koji su ispunili savršenu ljubaznost i uklone zlo iz srca i kultivišu nevinu velikodušnost? Kao što je rečeno u Jevanđelju po Mateju 5:5: „*Blago krotkima, jer će naslijediti zemlju,*" i u Psalmima 37:11: „*A smjerni će naslijediti zemlju, i naslađivaće se množinom mira,*" oni će naslijediti zemlju. Zemlja ovdje simbolizuje mjesto boravka nebeskog kraljevstva, a naslijediti zemlju znači: „uživanje u velikoj moći Neba u budućnosti."

Zašto će oni uživati u velikoj vlasti na Nebu? Ljubazna osoba jača druge duše sa srcem našega Oca Boga i dodiruje njihova srca. Što je više nježnija, više duša će se odmoriti uz njega i zajedno sa njim će biti vođeni ka spasenju. Ako mi možemo da postanem veliki čovjek u kome mnogi ljudi nalaze odmor, to znači da smo drugima služili do velike mjere. Nebeska vlast će biti data takvima koji služe. Jevanđelje po Mateju 23:11 kaže: *„A najveći između vas da vam bude sluga.“*

Na taj način, nježna osoba će moći da uživa u velikoj moći i naslijediće široku i mudru zemlju kao mjesto boravka kada dostigne Nebo. Čak i na ovoj zemlji, oni ljudi koji imaju veliku moć, zdravlje, drže se na dobrom glasu i imaju vlast, njih mnogi ljudi prate. Ali ako oni izgube sve ono što su posjedovali, oni će najviše izgubiti svoju vlast i mnogi ljudi koji su ih pratili će ih napustiti. Duhovna vlast koja prati ljubaznu osobu se razlikuje od one na ovoj zemlji. Ona niti nestaje niti se mijenja. Na ovoj zemlji, kako njegova duša napreduje, on je uspješan u svemu. Takođe, na Nebu on će biti veoma nagrađen i voljen od Boga zauvijek i biće poštovan od brojnih duša.

3. Ljubav nije ljubomora

Neki odlični studenti se organizuju i skupljaju beleške na pitanja koja su predhodno propustili na testovima. Oni ispituju razloge zašto nisu uspjeli da dobiju tačna pitanja i temeljno obrađuju predmet prije nego što nastave dalje. Oni kažu da je ova metoda mnogo korisna za učenje predmeta za koji su našli da je težak za veoma kratko vrijeme. Ova ista metoda može biti primjenjena kada se kultiviše duhovna ljubav. Ako mi preispitujemo naša djela i riječi do detalja i odbacimo sve naše nedostatke jedan po jedan, onda mi možemo da ispunimo duhovnu ljubav u veoma kratkom vremenu. Hajde da pogledamo u sljedeće osobine duhovne ljubavi-„Ljubav nije ljubomora."

Ljubomora se javlja kada osjećaj ljubomorne ogorčenosti i nesreće raste neprestano i zla djela protiv drugih osoba. Ako mi imamo osjećaj da smo ljubomorni i ljuti u našim mislima, mi ćemo imati bolesne misli kada vidimo nekoga da je pohvaljen ili omiljen. Ako naiđemo na osobu koja je obrazovanija, bogatija ili sposobnija od nas samih, ili ako je neko od naših kolega napredovao i postao omiljen od mnogih ljudi, mi ćemo možda osjetiti ljutnju. Ponekad mi ćemo možda mrzeti tu osobu, poželećemo da ga prevarimo u svemu što ima i da gazimo po njemu.

Sa druge strane mi ćemo se možda osjetiti obeshrabreno misleći: „On je tako omiljen od strane drugih, a šta sam ja? Ja sam ništa!" Drugim riječima, osjećamo tugu zato što se upoređujemo sa drugima. Kada se osjećamo obeshrabreno neki od nas će misliti da to nije ljubomora. Ali, ljubav se raduje sa istinom. Drugim riječima, ako imamo iskrenu ljubav mi ćemo se radovati kada druga osoba napreduje. Ako smo obeshrabreni i korimo sebe, ili se ne radujemo sa istinom, ovo je zbo našeg ega ili je naše „ja" još uvijek aktivno. Zato što naše „ja" je živo, naš ponos je povrijeđen kada osjetimo da smo manji od drugih.

Kada ljutite misli rastu i onda izlaze u slabim riječima i djelima, to je ljubomora o kojoj Poglavlje Ljubav govori. Ako se ljubomora razvija do neke mjere, pojedinac može da ugrozi ili da čak ubije druge ljude. Ljubomora je spoljašnji odnos zla i nečistog srca i prema tome veoma je teško za one koji imaju ljubomoru da dobiju spasenje (Poslanica Galaćanima 5:19-21). To je zato što je ljubomora jasan dokaz djela mesa, što je grijeh vidljivo počinjen od spolja. Ljubomora može biti svrstana u nekoliko vrsta.

Ljubomora u romantičnoj vezi

Ljubomora je podstaknuta da djeluje kada osoba u vezi želi da dobije više ljubavi i povoljnosti od druge nego što ih on/ona dobijaju. Na primjer, Jakovove dvije supruge, Lija i Rahilja, bile su ljubomorne jedna na drugu u želji da budu omiljene kod Jakova. Lija i Rahilja su bile sestre, obe ćerke Lavana, Jakovljevog ujaka.

Jakov je oženio Liju kao ishod obmane prema njegovom ujaku Lavanu sukobeći se sa njegovim željama. Jakov je u stvari volio Lijinu mlađu sestru, Rahilju, i dobio je kao njegovu ženu nakon 14.god., služenja njegovom ujaku. Od samog početka Jakov je volio Rahilju više nego Liju. Ali Lija je rodila četvoro djece dok Rahilja nije mogla da rodi ni jedno dete.

U to vrijeme bilo je sramotno za ženu da nema djece i Rahilja je bila stalno ljubomorna na njenu sestru Liju. Ona je bila toliko zaslijepljena svojom ljubomorom da je veoma otežavala život takođe i svom suprugu Jakovu. *„Daj mi djece, ili ću umrijeti“* (Postanak 30:1).

Obe i Rahilja i Lija su dale svoje dodeljene sluškinje Jakovu kao konkubine da bi isključivo imale njegovu ljubav. Da su one skupljale samo malo iskrene ljubavi u svojim srcima, one su mogle da se raduju kada bi druga bila voljena od njenog supruga. Ljubomora je sve njih-Liju, Rahilju i Jakova-učinila nesrećnim. Šta više, to je imalo uticaja takođe i na njihovu djecu.

Ljubomora kada je situacija drugih mnogo uspješna

Pogled na ljubomoru svakog pojedinca se razlikuje u skladu sa vrijednosti života svakog pojedinca. Ali obično kada je drugi bogatiji, mnogo obrazovaniji i više sposobniji od nas ili kada je drugi omiljeniji ili voljeniji, mi možda postajemo ljubomorni. Nije teško da pronađemo sebe u situaciji ljubomore u školi, na poslu ili u kući kada ljubomora izađe iz osjećanja da je neko bolji nego što smo mi. Kada se neprestano uzdiže ili napreduje više nego mi, mi ćemo ga možda mrzeti ili ćemo udariti drugog. Mi ćemo možda misliti da treba da gazimo po drugima da bi bili mnogo napredniji i mnogo omiljeniji.

Na primjer, neki ljudi svaljuju tuđu krivicu i nedostatke na radnom mjestu i uzrokuju im da dođu do nepravednih sumnji i ispitivanja od pretpostavljenih zato što oni žele da budu ti koji hoće da budu unapređeni u svojoj kompaniji. Mladi studenti nisu izuzetci iz ovoga. Neki studenti gnjave druge studente koji se ističu akdemski ili maltretiraju one studente koji s omiljeni od učitelja. Kod kuće, djeca šamaraju i svađaju se sa braćom i sestrama kako bi više bili prepoznatljivi i voljeniji kod svojih roditelja. Drugi to rade zato što žele da naslijede više imetka od roditelja.

To je bio slučaj sa Kainom, prvim ubicom u ljudskoj istoriji. Bog je prihvatio samo Aveljovu prinosnu žrtvu. Kain se osjećao uvrijeđenim i kako je ljubomora u njemu gorela na kraju je ubio svog sopstvenog brata Avelja. On mora da je mnogo puta slušao i žrtvama u krvi životinja od svojih roditelja Adama i Eve, i mora da je veoma dobro znao o tome. *„I gotovo sve se krvlju čisti po zakonu, i bez prolivanja krvi ne biva oproštenje*" (Poslanica Jevrejima 9:22).

Uprkos tome, on je samo dao žrtvu žetve sa zemlje koju je obrađivao. Suprotno tome, Avelj je dao žrtvu prvorođenog jagnjeta što je srce u skladu sa voljom Božjom. Neki će možda misliti da nije bilo teško Avelju da da žrtvu jagnjeta zato što je bio pastir, ali to nikada nije slučaj. On je naučio volju Božju od njegovih roditelja i želio je da prati Njegovu volju. Iz ovog razloga Bog je prihvatio samo Aveljovu žrtvu. Kain je postao ljubomoran na svog brata umjesto da žali zbog svoje krivice. Jednom kada se zapali, plamen ljubomore ne može da se ugasi i na kraju je on ubio njegovog brata Avelja. Koliko mnogo bola su Adam i Eva imali zbog ovoga!

Ljubomora između braće u vjeri

Neki vjernici su ljubomorni na drugu braću i sestre u vjeri koji su ispred njih po redu, poziciji, vjeri ili predanosti Bogu. Takav fenomen se obično događa kada je neko drugi sličan njihovim godinama, poziciji i dužinom vremena koliko je vjernik, ili kada veoma dobro poznaju tu osobu.

Kao što u Jevanđelju po Mateju 19:30 piše: *„Ali će mnogi prvi biti poslednji i poslednji prvi,“* ponekad oni koji su manje godina od nas u godinama vjere, godinama i tituli crkve, mogu da budu ispred nas. Onda, mi ožemo da osjetimo jaku ljubomoru prema njima. Takva ljubomora ne postoji samo između vjernika u istoj crkvi. Ona može biti predstavljena i između pastora i članova crkve, između crkava ili čak i između drugim hrišćanskim organizacijama. Kada osoba daje slavu Bogu, svi treba da se raduju zajedno ali oni radije klevetaju druge kao da su jeretici u namjeri da oljagaju ime drugih ljudi ili organizacija. Šta će roditelji osjećati ako se njihova djeca svađaju i mrze jedno drugo? Čak i ako djeca njima daju dobru hranu i dobre stvari, oni neće biti srećni. I ako vjernici koji su ista djeca Božja se svađaju i raspravljaju jedni između drugih, ili ako ima ljubomore izmedu crkava, to će samo uzrokovati našem Gospodu da se mnogo srdi.

Saulova ljubomora prema Davidu

Saul je bio prvi kralj Izraela. On istrošio svoj život zbog ljubomore prema Davidu. Za Saula, David je bio kao vitez u sijajućem oklopu koji je spasao njegovu zemlju. Kada je moral vojske dostigao samo dno zbog zastrašivanja Golijata Filistine, David je napravio meteorski uspon i oborio šampiona Filistine sa praćkom. Običan čin doneo je pobedu Izraelu. Od tada, David je obavljao mnoge važne zadatke čuvajući zemlju od napada Filistijca. Problem između Saula i Davida nastao je od ovog momenta. Saul je čuo nešto veoma uznemirujuće od mase koja je dočekivala Davida koji se vraćao sa pobjedom na bojnom polju. Bilo je to: „*Saul zgubi svoju hiljadu, ali David svojih deset hiljada*" (1. Poslanica Samuelova 18:7).

Saul se osjećao veoma nelagodno i pomislio je: „*Kako oni mogu da se porede sa Davidom? On nije ništa nego samo običan pastir?*"

Njegova ljutnja se širila kako je nastavljao da misli o primejdbama. On nije mislio da je dobro za ljudi da slave toliko mnogo Davida i od tada pa nadalje Davidova djela su se činila sumnjičavim za njega. Saul je vjerovatno mislio da je David činio djela na način da kupi ljudska srca. Sada, strela Saulove mržnje je ciljala prema Davidu. On je mislio: „Ako je David već pridobio srca ljudi, za pobunu je samo pitanje vremena!"

Kako su njegove misli postajale preuveličavane, Saul je tražio priliku da ubije Davida. U jednom momentu, Saul je patio od zlih duhova a David je svirao na harfi za njega. Saul je iskoristio priliku i bacio je koplje na njega. Na sreću David se izmakao i izbjegao je. Ali Saul nije odustao od svojih napora da ubije Davida. On je neprestano proganjao Davida sa svojim oružjem.

Uprkos svemu ovome, David nije imao želju da naudi Saulu zato što je kralj bio pomazan od samog Boga i kralj Saul je to znao. Ali plamen Saulove ljubomore koje se rasplamsalo nije se ohladilo. Saul je neprestano patio od uznemiravajućih misli koje su rasle iz njegove ljubomore. Sve dok nije ubijen u bici sa Filistinima, Saul nije imao odmora od njegove ljubomore prema Davidu.

Oni koji su bili ljubomorni na Mojsija

U Brojevima 16, mi čitamo o Koreju, Datanu i Aviramu. Koreja je bio Levićanin, a Datan i Aviram su bili Reuvimi. Oni su bili ljuti na Mojsijua i njegovog brata i pomoćnika Arona. Oni su bili uvrijeđeni činjenicom da je Mojsije bio princ Egipta a sada je vladao nad njima a bio je izbjeglica i pastir u Madijamu. Iz drugog ugla, oni sami su htjeli da postanu vođe. Tako da, oni su ostvarivali kontakte sa ljudima da bi ih pridobili da se priključe njihovoj grupi.

Koreja, Datan i Aviram su okupili 250 ljudi koji su ih pratili i oni su pomislili da će dobiti moć. Oni su otišli kod Mojsija i raspravljali se sa njim. Oni su rekli: *„Dosta nek vam je, sav ovaj narod, svi su sveti, i među njima je GOSPOD; zašto se vi podižete nad zborom GOSPODNJIM?"* (Brojevi 16:3).

Iako se nisu uzdržavali u raspravama sa njim, Mojsije im nije ništa odgovarao da im uzvrati. On je samo kleknuo ispred Boga i pokušavao je da im ukaže na njihove greške i on je preklinjao je Boga za Njegovu osudu. U to vrijeme Božji gnev se probudio protiv Koreja, Datana i Avirama i prema onima sa njima. Zemlja je otvorila svoja usta, a Koreja, Datan i Aviram zajedno sa svojim ženama i njihovim sinovima i onim najmanjima upali su živi u Šeol. Vatra je takođe došla od GOSPODA i obuzela je dvije stotine i pedeset ljudi koji su nudili tamjan.

Mojsije nije uzrokovao nikakvu štetu ljudima (Brojevi 16:15).

On je samo činio ono najbolje da povede ljude. On je dokazao da je Bog bio sa njima s vremena na vrijeme kroz znakove i čuda. On im je pokazao deset zapovjesti u Egiptu, dozvolio im je da pređu Crveno more po suvoj zemlji odvojivši ga na dva dijela; on im je dao vodu iz kamena i dao im je da jedu manu i prepelice u divljini. Čak i tada oni su klevetali i stajali su protiv Mojsija govoreći da je sam sebe uzdizao.

Bog je takođe dao ljudima da vide koliko je veliki grijeh biti ljubomoran na Mojsija. Osuđivati i optuživati čovjeka postavljenog od Boga je isto i kao osuđivanje i optuživanje Samog Boga. Prema tome, mi ne smijemo sa nepažnjom kritikovati crkve i organizacije koje rade u ime Gospoda govoreći da su one pogrešne ili jeretičke. Pošto smo svi braća i sestre u Bogu, ljubomora između nas samih je veliki grijeh ispred Boga.

Ljubomora nad stvarima koje su beznačajne

Možemo li mi dobiti ono što želimo ako smo ljubomorni? Nikako! Mi ćemo možda moći da dovedemo druge ljude u neprijatne situacije i to će se činiti da želimo sebe da dovedemo ispred njih, ali u stvari mi ne možemo da dostignemo sve što želimo. Poslanica Jakovljeva 4:2 kaže: *„Želite i nemate; ubijate i zavidite, i ne možete da dobijete. Borite se i vojujete, i nemate, jer ne ištete"*

Umjesto ljubomore, razmotrite šta je zapisano u Knjizi o Jovu 4:8: „Kako sam ja vidio, koji oru muku i siju nevolju, to i žanju." Zlo koje vi činite će vam se vratiti kao bumerang.

U odmazdi za zlo koje ste posijali, vi ćete se možda suočiti sa katastrofom u svojoj porodici ili na radnom mjestu. Kao što je u Poslovicama 14:30 rečeno: *„I od smijeha boli srce, i veselju kraj biva žalost,"* ljubomora prouzrokuje samostalnu zadatu bol i zbog toga ona je u potpunosti beznačajna. Prema tome, ako vi želite da budete ispred drugih, vi morate da pitate Boga koji sve kontroliše radije nego da trošite vašu energiju u mislima i djelima ljubomore.

Naravno, vi ne možete da dobijete sve što potražite. U Jakovljevoj Poslanici 4:3 se kaže: *„Ištete, i ne primate, jer zlo ištete, da u slastima svojim trošite."* Ako vi tražite nešto da bi to potrošili na vaša zadovoljstva, vi ne možete to da dobijete zato što to nije volja Božja. Ali u većini slučajeva ljudi traže samo prateći svoje požude. Oni traže raskoš, slavu i moć zbog svoje ugodnosti i ponosa. Ovo me rastužuje na mom kursu mog službovanja. Pravi i iskreni blagoslov nije raskoš, bogatstvo i moć već napredak nečije duše.

Bez obzira u koliko stvari ste vi uživali, koja je korist od toga ako vi ne dobijete spasenje? Ono čega mi treba da se sjetimo je da će sve stvari na ovoj zemlji nestati kao magla. 1. Jovanova Poslanica 2:17 govori: *„I svijet prolazi i želja njegova; a koji tvori volju Božiju ostaje dovijeka,"* i Knjiga Propovjednika 12:8 kaže: *„Taština nad taštinama", veli Propovednik: „sve je taština!"*

Ja se nadam da vi nećete postati ljubomorni na vašu braću i sestre pripajanjem beznačajnih stvari ove zemlje već da ćete imati srce koje je pravedno iz Božjeg pogleda. Onda, Bog će odgovoriti željama vašeg srca i daće vam vječno kraljevstvo Neba.

Ljubomora i duhovne želje

Ljudi vjeruju u Boga i pak postaju ljubomorni zato što imaju malo vjere i ljubavi. Ako vam manjka ljubav prema Bogu i imate malo vjere u kraljevstvo nebesko, vi ćete možda postati ljubomorni da bi dostigli raskoš, bogatstvo i moć ove zemlje. Ako vi imate potpunu sigurnost u pravednost djece Božje i pravo na boravak na Nebu, braća i sestre u Hristu će biti mnogo dragocijeniji od onih od vaše zemaljske porodice. To je zato što vi vjerujete da ćete vi živjeti sa njima zauvijek na Nebu.

Čak i nevjernici koji nisu prihvatili Isusa Hrista su dragocijeni i oni su koje treba da vodimo ka nebeskom kraljevstvu. Po ovoj vjeri, kako smo kultivisali ljubav u nama, mi ćemo moći da volimo naše komšije kao što volimo sebe. Onda, kada drugima ide veoma dobro, mi ćemo biti toliko srećni kao da nama samima ide veoma dobro. Oni koji imaju iskrenu vjeru neće težiti ka beznačajnim stvarima ove zemlje, već će oni pokušati da budu marljivi u djelima Gospodnjim kako bi dobili nebesko kraljevstvo silom. Naime, oni će imati duhovne želje.

„*A od vremena Jovana Krstitelja do sad carstvo nebesko na silu se uzima, i siledžije dobijaju ga*" (Jevanđelje po Mateju 11:12).

Duhovna želja se zaista razlikuje od ljubomore. Veoma je važno imati želju da budete entuzijazični i predani djelima Gospodovim. Ali ako strast pređe granicu i pomjeri se od istine ili ako uzrokuje da se drugi sapletu, to nije prihvatljivo. Dok smo revnosni u djelima Gospodovim, mi treba da pazimo na potrebe ljudi u našoj okolini, da tražimo njihovu korist i imamo mir sa svakim.

4. Ljubav se ne hvali

Postoje ljudi koji se uvijek hvale sami sobom. Oni ne mare o tome kako se drugi osjećaju kada se hvale. Oni samo žele da se iskazuju u tome šta oni imaju dok teže da zarade prepoznavanje drugih. Josif se hvalio svojim snom kada je bio mladi dječak. To je uzrokovalo da ga njegova braća mrze. Pošto je on bio voljen od oca na poseban način, on u stvari nije dobro razumio srca svoje braće. Kasnije, on je bio prodat kao rob u Egiptu i prošao je kroz mnoga iskušenja da bi na kraju kultivisao duhovnu ljubav. Prije nego što ljudi kultivišu duhovnu ljubav, oni će možda rasturiti mir dok se šepure i uzdižu sebe. Zbog toga Bog kaže: „Ljubav se ne hvali."

Jednostavno rečeno, hvaliti se je da bi pokazivali sebe same. Ljudi obično žele da budu prepoznatljivi ako oni urade ili imaju nešto bolje od drugih. Kakva će biti rezultat takvog hvalisanja?

Na primjer, neki roditelji su pompezni i hvalisavi zato što njihova djeca veoma dobro studiraju. Onda, drugi ljudi mogu da se raduju sa njima, ali većina njih ima svoje ponosno srce i loše će se osjećati zbog toga. Oni će možda čak i grditi svboju djecu bez razloga. Bez obzira koliko dobro vašem djetetu ide u njegovom učenju, ako vi imate makar malo dobrote da imate osjećaj poštovanja prema drugima, vi nećete da se hvalite vašim djetetom na ovaj način. Vi ćete takođe poželjeti da i dijete vašeg komšije uči dobro, i ako to čini, vi ćete ga radosno pohvaliti.

Oni koji se hvale će takođe namjeravati da budu manje nego voljni da prihvate i da komentarišu dobro učinjeno djelo drugih ljudi. Bilo na ovaj ili onaj način oni namjeravaju da degradiraju druge zato što misle da su oni beznačajni do mjere da drugi jesu prepoznati. Ovo jeste jedan način koji uzrokuje nevolje. Činiti na ovaj način, hvalisavo srce je veoma daleko od iskrene ljubavi. Vi ćete možda misliti da ako uzdižete sebe vi ćete biti prepoznatljivi, ali to samo stvara poteškoće vama da dobijete iskreno poštovanje i ljubav. Umjesto da vam ljudi oko vas zavide, to će izazvati kivnost i ljubomoru prema vama. *„A sad se hvalite svojim ponosom. Svaka je hvala takva zla“* (Jakovljeva Poslanica 4:16).

Hvalisavi ponos života dolazi od ljubavi prema svijetu

Zašto se ljudi hvale sami sobom? To je zato što imaju hvalisavi ponos života nad sobom. Hvalisavi ponos života se odnosi na „prirodno uzdizanje sebe u skladu sa zadovoljstvima ove zemlje." Ovo potiče od ljubavi prema svijetu. Ljudi se obično hvale o stvarima za koje smatraju da se važne. Oni koji vole novac će se hvaliti zbog novca koji imaju, a oni koji smatraju da je spoljašnji izgled bitan, hvaliće se time. Naime, oni stavljaju novac, spoljašnji izgled, bogatstvo i socijalnu moć ispred Boga.

Jedan od članova naše crkve je imao uspješno poslovanje prodavajući kompjutere poslovnim konglomeratima Koreje. On je želio da proširi svoj biznis. On je dobio različite vrste kredita i investirao je u dozvolu za Internet kafe i Internet emitovanje. On je učvrstio kompaniju sa početničkim kapitalom od dve milijarde vona (won-korejski novac), što je oko dva miliona Američkih dolara.

Ali povraćaj je bio veoma oslabljen i gubitak je rastao da bi na kraju dovelo do bankrota kompanije. Njegova kuća je bila predata na aukciji, a njegovi zajmodavci su jurili za njim. On je morao da živi u maloj kući u podrumu ili na tavanu. Onda je počeo da sebe gleda unazad. On je shvatio da je imao želju da se hvali o svojim uspjesima i da je bio pohlepan za novac. On je razumio da je ljudima u okolini otežavao život zato što je širio svoj posao van svojih mogućnosti.

Kada se on iskreno pokajao ispred Boga svom svojim srcem i odbacio njegovu pohlepu, on je bio srećan čak i dok je imao posao da čisti kanalizacione cevi i septičke jame. Bog je razmotrio njegovu situaciju i pokazao mu je put da počne iznova novi posao. Sada, on hoda pravim putem sve vrijeme njegov posao je uspješan.

1. Jovanova Poslanica 2:15-16 govori: „*Ne ljubite svijet ni što je na svijetu. Ako ko ljubi svijet, nema ljubavi Očeve u njemu. Jer sve što je na svijetu, požuda mesa i požuda očiju, i ponos života, nije od Oca, nego je od ovog svijeta.*"

Jezekija, trinaesti kralj južnjački Judin, je bio prav u Božjim očima i on je takođe pročistio Hram. On je prevazišao invaziju Asirije kroz molitvu; kada je on postao bolestan, on se molio sa suzama i dobio je produžetak svog života na 15. godina. Ali ipak je imao hvalisavi ponos života koji je ostao u njemu. Nakon što se on oporavio od svoje bolesti, Vavilon je poslao svoje diplomate.

Jezekija je bio srećan što ih je primio i pokazao im je njegovu dragocijenu kuću, srebro i zlato i mirise i dragocijena ulja i cio njegov arsenal i sve što se nalazilo među njegovim dragocijenostima. Zbog njegovog hvaljenja, južnu Judinu je napao Vavilon i sve dragocijenosti su bile oduzete (Isaija 39:1-6). Hvalisanje potiče pd ljubavi prema svijetu, i to znači da osoba nema ljubavi prema Bogu. Prema tome, da bi kultivisao iskrenu ljubav, pojedinac treba da odbaci hvalisavi ponos života iz njegovog srca.

Hvaliti se u Gospodu

Postoji vrsta hvalisanja koja je dobra. To je hvaliti se Gospodom kao što je napisano u 2. Poslanici Korinćanima 10:17: *„A koji se hvali, Gospodom neka se hvali.“* Hvaliti se u Gospodu je dati slavu Bogu, time još bolje. Dobar primjer takvog hvaljenja je „svjedočenje."

Pavle govori u Poslanici Galaćanima 6:14: *„A ja Bože sačuvaj da se čim drugim hvalim osmi krstom Gospoda našeg Isusa Hrista, kog radi razape se meni svijet, i ja svijetu.“*

Kao što je on rekao, mi se hvalimo Isusom Hristom koji je nas spasao i dao nam je nebesko kraljevstvo. Mi smo bili osuđeni na vječnu smrt kroz naše grijehove, ali zahvaljujući Isusu Hristu koji je platio naše grijehove na krstu, mi smo dobili vejčni život. Koliko zahvalni trebamo biti!

Iz ovog razloga apostol Pavle se hvalio o njegovim slabostima. U 2. Poslanici Korinćanima 12:9 se kaže: *„I reče [Gospod] mi: „Dosta ti je Moja blagodat; jer se Moja sila u slabosti pokazuje sasvim.“ Dakle ću se najslađe hvaliti svojim slabostima, da se useli u mene sila Hristova.“*

U stvari, Pavle je izvodio toliko mnogo znakova i čuda da su ljudi čak donosili bolesnima maramice ili kecelje koje su ga dodirnule i bolesni su bili su izliječeni. On je napravio tri misionarska puta u vođenju toliko mnogo ljudi ka Gospodu i postavio je mnogo crkava u mnogim gradovima. Ali on govori da nije to on koji je uradio sva ova djela. On se samo hvalio da je to bila milost Božja i moć Gospoda koja mu je dozvolila da uradi to što je uradio.

Danas, mnogi ljudi svjedoče o susretu i iskustvu sa živim Bogom u njihovim svakodnevnim životima. Oni prenose ljubav Božju govoreći da su dobili izlječenje od bolesti, finansijski blagoslov i porodični mir kada su iskreno tražili Boga i kada su pokazali djela njihove ljubavi prema njemu.

Kao što je rečeno u Poslovicama 8:17 u kojim čitamo: „*Ja ljubim one koji mene ljube, i koji me dobro traže nalaze me,*" oni su zahvalni što su iskusili veliku ljubav Božju i došli da daju veliku vjeru, što znači da su dobili duhovne blagoslove. Takvo hvaljenje u Gospodu daje slavu Bogu i usađuje vjeru i život u ljudskim srcima. Na ovaj način oni skupljaju nagrade na Nebu i željama njihovih srca će biti mnogo brže odgovoreno.

Ali mi treba da budemo oprezni o jednoj stvari ovdje. Neki ljudi govore da daju slavu Bogu ali u stvari oni pokušavaju da naprave sebe ili ono što čine poznato drugima. Oni indirektno nagovještavaju da su mogli da dobiju blagoslove zbog svog ličnog truda. Ono izgleda da su dobili blagoslove od Boga ali u stvari sve ipak pripisuju sami sebi. Sotona će baciti optužbe protiv takvih ljudi. Nakon svega, rezultat njihovog samostalnog hvaljenja biće otkriven; oni će se možda suočiti sa različitim vrstama testova i iskušenja, ili ako ih niko ne prepozna oni će se samo udaljiti od Boga.

Poslanica Rimljanima 15:2 govori: „*I svaki od vas da ugađa bližnjemu na dobro za dobar ugled.*" Kao što je rečeno, mi bi trebali uvijek u razgovoru sa komšijama da ih uzdižemo, da posadimo vjeru i život u njima. Baš kao što se voda pročišćava kroz filter, mi treba da imamo filter za naše riječi prije nego što ih izgovorimo, da mislimo da li će naše riječi uzdignuti ili povrediti osjećanja slušalaca.

Odbaciti hvalisavi ponos života

Čak iako imaju mnogo stvari o kojima bi se hvalili, niko ne može da živi vječno. Poslije ovog života na zemlji, svako će otići ili na Nebo ili u Pakao. Na Nebu, čak i putevi po kojima gazimo su napravljeni od zlata a bogatstvo tamo ne može biti uporedivo sa ovim na ovoj zemlji. To znači da je hvalisanje na ovoj zemlji tako beznačajno. Takođe, čak iako neko ima tako mnogo raskoši, bogatstva, znanja i moći, može li se on hvaliti time ako ode u Pakao?

Isus je rekao: „*Jer kakva je korist čovjeku ako sav svuhet dobije a duši svojoj naudi? Ili kakav će otkup dati čovjek za svoju dušu? Jer će doći Sin čovječiji u slavi Oca svog s anđelima svojim, i tada će se vratiti svakome po djelima njegovim*“ (Jevanđelje po Mateju 16:26-27).

Hvaliti se svijetom nikada ne može da pruži vječni život ili zadovoljstvo. Već radije podstiče rast beznačajnih želja i vodi nas ka uništenju. Kako mi shvatamo ovu činjenicu i ispunimo naše srce sa nadom za Nebo, mi ćemo dobiti snagu da odbacimo hvalisavi ponos života. To je slično djetetu koje lako može da odbaci svoje igračke koje su stare i manje vrijedne kada dobije sasvim novu igračku. Zato što znamo za blistavu ljepotu nebeskog kraljevstva, mi se ne držimo ili se borimo da bi dobili stvari sa ove zemlje.

Jednom kada odbacimo hvalisavi ponos života, mi ćemo se samo hvaliti o Isusu Hristu. Mi nećemo osjetiti da je nešto na ovom svijetu vrijedno da bi se hvalili o tome, nego ćemo radije samo osjećati ponos slave u kojoj ćemo uživati vječno u nebeskom kraljevstvu. Onda, mi ćemo biti ispunjeni radošću za koju nismo znali ranije. Čak iako se suočimo sa nekim teškim situacijama u koraku sa našim životom, mi nećemo osjetiti da su one teške. Mi ćemo samo davati zahvalnost za ljubav Božju koji nam je dao Njegovog jednorođenog Sina Isusa da nas spase i pomoću toga mi možemo biti ispunjeni sa radošću u svim okolnostima. Ako mi ne tražimo hvalisavi ponos života, mi se nećemo osjetiti uzdignuto kada dobijemo pohvale, ili da postanemo tužni kada dobijemo prekore. Mi ćemo ponizno samo više da provjerimo sebe kada dobijemo pohvale i davaćemo samo zahvalnost kada nas kore i kada još više pokušavamo da se promjenimo.

5. Ljubav nije arogantna

Oni koji se hvale o sebi lako mogu da osjete da su bolji od drugih i da postanu arogantniji. Ako stvari idu u njihovu korist, oni misle da je to zbog toga jer su oni učinili dobar posao i postaju uobraženi ili lenji. Biblija govori da jedno od zla koje Bog najviše mrzi je arogancija. Arogancija je takođe glavni razlog zbog koga su ljudi izgradili Vavilonsku kulu da bi se u sjedinili sa Bogom, što je događaj kada je Bog odvojio jezike.

Osobine arogantnih ljudi

Arogantna osoba smatra da drugi ljudi nisu bolji od njega samog i druge posmatra sa prezirom ili ih ignoriše. Takva osoba se osjeća uzvišenije prema drugima u svakom pogledu. On sebe smatra najboljim. On prezire, gleda dole i pokušava da nauči druge u svakom pogledu. On lako pokazuje arogantni stav prema drugima koji se čine manjim od njega. On ponekad, u njegovoj preteranoj aroganciji, se ne obazire na one koji su ga učili i vodili ili na one na višoj poziciji u poslovanju ili socijalnoj hijerarhiji. On nije voljan da čuje savjet, kritike ili konsultovanje koje mu njegov svještenik daje. On će se žaliti misleći: „Moj svještenik to govori zato što ne zna zbog čega je to," ili „Ja znam sve i mogu to veoma dobro da uradim."

Takva osoba uzrokuje uzrokuje mnogo rasprava I svađi sa drugima. Poslovice 13:10 govore: *„Od oholosti biva samo svađa, a koji primaju savjet, u njih je mudrost."*

2. Timotijeva Poslanica 2:23 nam govori: „*A ludih i praznih zapitkivanja kloni se znajući da rađaju svađe.*“ Zbog toga je tako budalasto i pogriješno da mislite sami da ste u pravu.

Svaka osoba ima drugačiju savjest i različito znanje. To je zato što svaki pojedinac se razlikuje u tome šta je on vidio, čuo iskusio i šta je naučio. Ali većina od znanja svakog pojedinca je pogriješna i neko od njega je pogriješno sakupljano. Ako se to znanje očvrslo bolje u nama duži vremenski period, samopravednost i okviri su onda formirani. Samopravednost je insistirati da je samo naše mišljenje ono pravo i kada ono ojača ono postaje okvir u razmišljanju. Neki ljudi formiraju svoje okvire sa svojim osobinama ili sa znanjem koje imaju.

Njihovi okviri su kao skelet ljudskog tela. Ono oblikuje izgled svakoga i jednom kada je napravljen, teško može da se slomi. Većina misli ljudi dolaze iz samopravednosti ili od okvira. Osoba koja ima osjećaj podčinjenosti reaguje veoma osjećajno ako neko drugi ukaže prstom optuživanja prema njemu. Ili, kako reč ide, ako bogata osoba namješta njegovu odjeću, ljudi će misliti da se ona hvali i da njegovom odjećom. Ako neko koristi neki težak ili obilan riječnik, ljudi misle da on pokazuje svoje znanje i oni ga posmatraju.

Naučio sam od učiteljice iz osnovne škole da je Statua Slobode u San Francisku. Jedva da se sjećam kako me je učila sa slikama i mapom Sjedinjenih Država. U ranim 90.-im godinama, otišao sam u Sjedinjene Države da bi poveo ujedinjeni skup oživljavanja. To je bilo tada kada sam zapravo naučio da je Statua Slobode u stvari smještena u gradu Njujorku.

Za mene, Statua Slobode je trebala da bude u San Francisku,

tako da ja nisam razumio zašto je bila u Njujorku. Pitao sam ljude okolo mene i oni su mi rekli da je ona u stvari u Njujorku. Shvatio sam da je parče znanja za koje sam vjerovao da je istina ustvari bilo pogrešno. U tom momentu, takođe sam naučio da ono čemu vjerujem može takođe biti pogrešno. Mnogi ljudi vjeruju i insistiraju na stvarima koje nisu ispravne.

Čak i kada oni pogreše, oni koji su arogantni neće priznati to već će nastaviti da insistiraju na svom mišljenju, i to će dovesti do rasprava. Ali oni koji su ponizni neće se raspravljati čak i kada drugi pogreše. Čak iako su 100% sigurni da su u pravu, oni će opet misliti da griješe jer nemaju namjeru da pobjede druge u svojim argumentima.

Ponizno srce ima duhovnu ljubav koje druge smatra boljima. Čak iako su drugi mnogo manje raskošniji, manje obrazovaniji ili imaju manju socijalnu moć, sa poniznim mislima mi treba da smatramo druge boljima od nas samih iz naših srca. Mi ćemo smatrati da su sve duše veoma dragocijene jer su toliko vrijedne da je Isus Hrist prolio Njegovu krv.

Tjelesna arogancija i duhovna arogancija

Ako jedan pokaže takva spoljašnja djela i sam se šepuri, pokazuje sebe i gleda dole na druge, on lako može da razumije ovu aroganciju. Kako mi prihvatimo Gospoda i dođemo do spoznaje istine, ovi tjelesni atributi mogu lako da budu odbačeni. Suprotno tome, nije lako razumijeti i odbaciti duhovnu aroganciju. Šta je onda duhovna arogancija?

Kako vi posjećujete crkvu jedno značajno vrijeme, vi sakupljate mnogo znanja o Božjoj Riječi. Vama takođe mogu biti date titule ili poizicija u crkvi ili da budete čak izabrani kao vođa. Onda vi možete osjetiti da ste kultivisali veliko znanje Riječi Božje u vašim srcima što je dovoljno značenje da mislite: „Toliko toga sam ispunio. Mora da sam u pravu u vezi mnogo stvari!“ Vi možete da prekorite, osudite ili optužite druge sa Riječi Božjom sakupljene kao znanje, misleći da samo razaznajete dobro i pogrešno u skladu sa istinom. Neke vođe crkve prate samo svoju korist i krše propise i red koji navodno trebaju da održavaju. Oni definitivno krše red crkve u djelima, ali misle: „Za mene je to sasvim u redu zato što sam ja na poziciji. Ja sam izuzetak.“ Takve uzvišene misli su duhovna arogancija.

Ako mi priznamo našu ljubav za Boga dok ignorišemo zakon i red Božji sa uzvišenim srcem, priznanje nije istina. Ako mi sudimo i optužujemo druge, mi ne možemo da budeme smatrani da imamo iskrenu ljubav. Istina nas uči da gledamo, čujemo i da pričamo samo dobre stvari o drugima.

> *Ne opadajte jedan drugog, braćo. Ko opada brata ili osuđuje brata svog opada zakon i osuđuje zakon, a ako zakon osuđuješ, nisi tvorac zakona, nego sudija* (Jakovljeva Poslanica 4:11).

Kako se vi osjećate kada nađete nečije slabosti ?

Džek Kornfild (Jack Kornfield), u njegovoj knjizi „*Umetnost praštanja, milosti i mira*“, piše o nekom drugom načinu rješavanja nestručnih djela.

„U Babemba plemenu južne Afrike, kada se osoba ponaša

neodgovorno ili nepravedno, ona se stavlja u centar sela, sam i oslobođen. Sav rad prestaje i svaki čovjek, žena i dijete iz sela se okuplja u velikom krugu oko optuženog pojedinca. Onda svaka osoba u plemenu govori sa optuženim, jedan po jedan, svako podsjeća na dobre stvari osobe u centru kruga koje je uradio za vrijeme života. Svaki incident, svako iskustvo koje može da bude napomjenjeno do detalja i precizno, je ispričano. Svi njegovi pozitivni atributi, dobra djela, snaga i ljubaznost su spomenuta pažljivo i dugačko. Ova plemenska ceremonija je često trajala i nekoliko dana. Na kraju, plemenski krug se prekida, ceremonija radosti zauzima mjesto i osoba je simbolično i doslovno dobrodošla nazad u pleme."

Kroz ovaj proces, one osobe koje nisu u pravu, vraćaju svoje samopoštovanje i mijenjaju mišljenja da bi dale doprinos svojem plemenu. Zahvaljujući takvom jedinstvenom iskušenju, kaže se da kriminalci jedva mogu da se uklope u njihovo društvo.

Kada vidimo nečije greške, mi možemo da mislimo da li ćemo da osuđujemo ili da ih optužimo najprije ili će naše milosno srce izaći ispred toga. Sa ovom mjerom, mi možemo da testiramo koliko smo mi kultivisali humanost i ljubav. Provjeravajući sebe stalno, mi ne treba da budemo zadovoljni sa time šta smo već ispunili, samo zato što smo vjernici duže vrijeme.

Prije nego što je neko postao potpuno posvećen, svako ima prirodu koja prati rast arogancije. Zbog toga, veoma je važno da izbacimo korenje prirodne arogancije. Ono će možda ponovo nići u svakom momentu osim ako ga ne iščupamo u potpunosti sa revnosnim molitvama. To je isto kao kada režete travu, ona će nastaviti da raste ukoliko nije u potpunosti iščupana. Naime, pošto grešna priroda nije potpuno uklonjena iz srca, arogancija izlazi iz misli ponovo kako neko vodi život u vjeri duže vrijeme. Prema tome, mi uvijek treba da ponizimo sebe kao djecu ispred Gospoda, smatrajući druge boljima od nas i stalno da se borimo da bi kultivisali ljubav.

Arogantni ljudi vjeruju u sebe

Navuhodonosor je otvorio zlatno doba velikog Vavilona. Jedan od drevnih čuda, Viseći Vrt je napravljen u to vrijeme. On je bio ponosan na svoje kraljevstvo i na djela koja su učinjena njegovom velikom moći. On je napravio statuu sebe i natjerao ljude da joj se klanjaju. Danilo 4:30 kaže: „*I progovori car i reče: Nije li to Vavilon veliki što ga ja sazidah jakom silom svojom da je stolica carska, i slava veličanstvu mom?*"

Bog mu je na kraju dao da razumije ko je u stvari pravi vladar ovog svijeta (Danilo 4:31-32). On je bio izbačen iz palate, pasao je travu kao krave i živeo je život kao divlja životinja u divljini sedam godina. Koje je bilo značenje njegovog prijestolja u to vrijeme? Mi ne možemo da dobijemo ništa ako to Bog ne dozvoli. Navuhodonosor se vratio u normalno stanje misli nakon sedam godina. On je shvatio njegovu aroganciju i poznao je Boga. U Danijelu 4:37 čitamo: „*Sada ja Navuhodonosor hvalim, uzvišujem i slavim cara nebeskog, čija su sva djela istina i čiji su putevi pravedni i koji može oboriti one koji hode ponosito.*"

Ne radi se samo o Navuhodonosoru. Neki nevjernici na svijetu kažu: „Ja vejrujem u sebe." Ali nije lako za njih da prevaziđu svijet. Postoje mnogi problemi na svijetu koji ne mogu sa ljudskom sposobnošću da se riješe. Čak i najbolja i najsavremenija naučna znanja i tehnologija su beskorisne ispred prorodnih nepogoda uključujući tajfune ili zemljotrese i druge nepredviđene katastrofe.

I koliko mnogo vrsta bolesti ne mogu biti izliječene čak i sa najmodernijom medicinom? Ali mnogi ljudi se oslanjaju na sebe umjesto na Boga kada se suoče sa raznim problemima. Oni se oslanjaju na svoje misli, iskustvo i znanje. Ali kada oni nisu ipak uspješni i dalje se suočavaju sa problemima, oni gunđaju protiv Boga uprkos njihovom nevjerovanju u Boga. To je zato što arogancija boravi u njihovim srcima. Zbog ove arogancije, oni ne priznaju svoju slabost i ne uspijevaju da ponizno prepoznaju Boga.

Ono što je jadnije je da se neki vjernici u Boga oslanjaju na svijet i radije nego na Boga. Bog želi da Njegova djeca napreduju i da žive sa Njegovom pomoći. Ali ako oni nisu voljni da ponize sebe ispred Boga u svojoj aroganciji, Bog ne može da im pomogne. Onda, vi ne možete biti zaštićeni od neprijatelja đavola ili da postanete napredniji na vašim putevima. Baš kao što je Gospod rekao u Poslovicama 18:12: *„Pred propast podiže se srce čovjeka, a prije slave ide smjernost,"* stvar koja uzrokuje vaše propadanje i uništenje nije ništa više od same vaše arogancije.

Bog smatra aroganciju budalastom. U upoređenju sa Bogom koji je napravio prijesto na Nebu i sa podnožjem zemlje, koliko je malo prisustvo čovjeka? Svi ljudi su stvoreni po liku Božjem i mi smo svi jednaki kao djeca Božja bilo da smo na visokoj ili niskoj poziciji. Bez obzira za koliko stvari mi možemo da se hvalimo na ovoj zemlji, život na ovoj zemlji je samo momenat. Kada ovaj kratak život dođe do kraja, svakom će se suditi pred Bogom. I mi ćemo biti uzdignuti na Nebo u skladu sa time šta smo učinili u poniznosti na ovoj zemlji. To je zato što će Gospod oduševiti nas kao što Poslanica Jakovljeva 4:10 govori: „*Ponizite se pred Gospodom, i podignuće vas.*“

Ako voda ostane u maloj bari, ona će postati ustajala i počeće da propada i crvi će je ispuniti. Ali ako voda stalno cirkuliše niz brdo, ona će na kraju dostići more i daće život mnogim živim bićima. Na isti način, dozvolite nam da ponizimo sebe kako bi mogli da postanemo veliki u Božjim očima.

Osobine duhovne ljubavi I

1. Ona je strpljiva
2. Ona je ljubazna
3. Ona nije ljubomorna
4. Ona se ne hvali
5. Ona nije arogantna

6. Ljubav ne djeluje nepristojno

„Maniri“ ili „Bonton“ je društveni način ponašanja, što je u stavu i i vladanju ljudi prema drugima. Vrsta kulturnog bontona ima široki različiti oblik u našim svakodnevnim životima kao što je bonton u našoj konverzaciji, u obrocima ili u ponašanju na javnim mjestima kao što su pozorišta.

Prikladni maniri su važni dijelovi u našim životima. Društveno prihvatljivo ponašanje koje je prikladno za svako mjesto ili prilici će uglavnom ostaviti omiljen utisak na druge. Suprotno tome, ako ne prikažemo prikladno ponašanje i ako ignorišemo osnovni bonton, onda možemo uzrokovati nelagodnost prema ljudima u našoj okolini. Šta više, ako kažemo da volimo nekoga a ponašamo se neumjesno prema toj osobi, biće veoma teško da ta osoba vjeruje da je mi zaista volimo.

The Merriam-Webster's Online Rečnikdefiniše „neumjesnost“ kao „neskladnost sa standardima prikladnih nečijoj poziciji ili uslovima života“ I ovdje postoje mnoge vrste stavova kulturnog bontona u našem svakodnevnom životu kao što je pozdravljivanje i razgovor. Na naše iznenađenje, mnogi ljudi su nesvjesni da su se ponašali neumjesno čak i kada su bili nepristojni. Konkretno, nama je lakše da se ponašamo nepristojno prema onima koji su u našoj blizini. To je zato što kada se osjećamo lagodno sa nekim ljudima, mi namjeravamo da se ponašamo bezobrazno ili bez prikladnog bontona.

Ali ako imamo iskrenu ljubav, mi nikada nećemo da se ponašamo nepristojno. Pretpostavimo da imate veoma vrijedan i dragocijen nakit. Onda, da li ćete se mijenjati za njega veoma olako? Vi ćete biti veoma oprezni i pažljivi u njegovom držanju da se ne bi slomilo, oštetilo ili da ga izgubite. Na isti način, ako vi zaista volite nekoga, koliko ćete se dragocijeno ophoditi prema njemu?

Postoje dvije situacije u neumjesno-bezobraznom djelovanju ispred Boga i neuglednost prema čovjeku.

Djelovati neumjesno prema Bogu

Čak i između onih koji vjeruju u Boga i govore da oni vole Boga, kada mi vidimo njihova djela i čujemo njihove riječi postoje mnogi oni koji su daleko od voljenja Boga. Na primjer, dremanje za vrijeme službe je jedna od osnovnih nepristojnosti ispred Boga.

Dremanje za vrijeme službe bogosluženja je isto kao i dremanje u prisustvu Samog Boga. Biće to krajnje nepristojno uspavati se ispred predsjednika zemlje ili glavnog direktora kompanije. Onda, koliko će više nepristojno biti ako se uspavamo pred Bogom? Biće onda sumnjivo ako nastavite da priznajete da još uvijek volite Boga. Ili, pretpostavimo da se sastajete sa onime koga volite i nastavljate da spavate ispred te osobe. Onda, kako možete da kažete da iskreno volite tu osobu?

Takođe, ako vi imate lični razgovor sa ljudima do vas tokom službe bogosluženja ili ako dremate, to je takođe nepristojno ponašanje. Ponašanje kao ovakvo ukazuje da nedostaje poštovanje i obožavanje i ljubav za Boga.

Takva ponašanja takođe pogađaju i svještenike. Pretpostavimo da postoji vjernik koji razgovara sa drugom osobom pored njega, ili ima prazne misli ili se čak uspava. Onda, propovjednik će se možda pomisliti da poruka nije dovoljno graciozno prenešena. On će možda izgubiti inspiraciju Svetog Duha i tako neće moći da propoveda sa ispunjenošću Svetim Duhom. Sva ova djela će na kraju uzrokovati nepovoljne okolnosti takođe i drugim poštovaocima.

To je isto i sa napuštanjem hrama u sred službe. Naravno, postoje neki volonteri koji moraju da izađu zbog svojih dužnosti da bi pomogli u službi bogosluženja. Međutim, osim u zaista posebnim slučajevima, prikladno je pomjeriti se odmah nakon što je služba u potpunosti završena. Neki ljudi misle: „Mi samo možemo da slušamo poruku," i da napuste prije nego što se služba završi, ali ovo je nepristojno ponašanje.

Služba bogosluženja je potpuno ista žrtvi paljenici iz Starog Zavjeta. Kada su oni davali žrtve paljenice, oni su morali da presjeku životinju na dijelove i onda su palili sve dijelove (Levitski Zakonik 1:9).

Ovo, u današnjem smislu znači da mi treba da dajemo prikladno cijelu službu bogosluženja od samog početka pa do kraja u skladu sa određenim postavkama formalnosti i procedure. Mi treba da pratimo svaki tok reda u službi bogosluženja svim našim srcem, da počnemo sa tihom molitvom sve dok ne završimo sa blagoslovom ili Molitvom Gospodnjom. Kada pjevamo hvalospjeve ili se molimo, ili čak za vrijeme darovanja i objava, mi treba da damo cijelo naše srce. Osim zvaničnih crkvenih usluga u svakom molitvenom sastanku, slavljenju ili službi bogosluženja, ili u grupnoj službi bogosluženja, mi treba da se ponudimo cijelim svojim srcem.

Da bi služiti Bogu svim svojim srcem, najprije, mi ne smijemo da kasnimo na službe. Nije prikladno da kasnimo na sastanke sa drugim ljudima i koliko će biti nepristojno ako kasnimo na sastanak pred Bogom? Bog uvijek čeka na mjestu službovanja da bi dobio naše služenje.

Prema tome, mi ne treba da dođemo baš prije nego što služba počne. Prikladno je da dođemo ranije u pokajanju i da pripremimo sebe za službu. Šta više, koristiti mobilne telefone za vrijeme službe bogosluženja, ostaviti da mala djeca trče okolo za vrijeme službe bogosluženja je ponašati se nepristojno. Žvakanje žvake ili jesti hranu za vrijeme službe bogosluženja spada u kategoriju nepristojnog ponašanja.

Lični izgled koji imate za službu je takođe važan. Svakako, nije prikladno da dođete u crkvu u kućnoj odjeći ili da imate odjeću namenjenu za posao. To je zato što je doterivanje način da izrazimo našu naklonost i poštovanje prema drugoj osobi. Djeca Božja koja iskreno vole Boga znaju koliko je Bog dragocijen. Tako da, kada oni dođu da Njemu služe, oni dolaze u najčistijoj odjeći koju imaju.

Naravno, postoje i izuzetci. Za službu Sredom ili za cijelo noćnu službu Petkom, mnogi ljudi dolaze direktno od svojih radnih mjesta. Kako oni žure da stignu na vrijeme, oni možda dolaze u radnim odjelima. U ovoj vrsti slučaja, Bog neće reći da se oni ponašaju nepristojno već će se On radovati umjesto toga zato što On dobija aromu srca od njih jer su pokušali da dođu na vrijeme za službu bogosluženja dok su bili zauzeti svojim poslom.

Bog želi da ima voljeni odnos sa nama kroz službe bogosluženja i molitve. Ovo su dužnosti koje Božja djeca moraju da urade. Naročito, molitva je razgovor sa Bogom. Ponekad, dok se drugi mole, neko će ga možda potapšati da prestane da se moli jer postoji nešto hitnije.

Ovo je isto kao i prekidanje drugih ljudi dok razgovaraju sa njihovim pretpostavljenima. Takođe, kada se vi molite, ako vi otvorite oči i prestanete da se molite odmah samo zato što vas je neko pozvao, to je takođe raditi nepristojno. U ovom slučaju, vi najprije treba da završite vašu molitvu a zatim da odgovorite.

Ako se mi predamo službi i molitvi u duhu i istini, Bog nam uzvraća blagoslovima i nagradama. On odgovara mnogo brže našim molitvama. To je zato što On dobija aromu našeg srca sa oduševljenjem. Ali ako mi skupljamo nepristojna djela godinu dana, dvije godine i tako dalje to će izgraditi zid grijeha protiv Boga. Čak i između muža i žene ili roditelja i djece, ako se nastavi odnos bez ljubavi, postojaće mnogi problemi. To je isto i sa Bogom. Ako smo mi izgradili zid između nas i Boga, mi ne možemo da budemo zaštićeni od bolesti ili nesreća, i mi ćemo se suočavati možda sa različitim problemima. Mi možda nećemo dobiti odgovore na naše molitve, čak iako se molimo duže vrijeme. Ali ako imamo prikladan stav u službama i molitvama, mi možemo da riješimo mnoge vrste problema.

Crkva je Sveta kuća Božja

Crkva je mjesto gdje Bog boravi. Psalmi 11:4 govore: *„GOSPOD je u svetom dvoru svom, prijesto je GOSPODNJI na nebesima.“*

U Starom Zavjetu, nije svako mogao da uđe na sveto mjesto.

Samo su svještenici mogli da ulaze. Samo jednom godišnje je samo najviši svještenik mogao da uđe u Svetište nad svetilištima unutar Svetog mjesta. Ali danas, sa milost Gospodnju, svako može da uđe u hram i da Njemu služi. To je zato što je Isus nas iskupio zbog naših grijehova sa Njegovom krvi, kao što je rečeno u Poslanici Jevrejima 10:19: „*Imajući, dakle, slobodu, braćo, ulaziti u svetinju krvlju Isusa Hrista, putem novim i živim.*"

Hram ne označava samo mjesto gdje mi služimo. To je svaki prostor u okviru granica koji obuhvata crkvu, uključujući i dvorište i sve ostale objekte. Prema tome, bilo da smo u crkvi, mi treba da budemo obazrivi o svakoj maloj riječi ili djelu. Mi ne smijemo da se naljutimo ili raspravljamo, ili da govorimo o svjetskim zabavama ili poslovima u hramu. Isto je i sa nemarnim rukovanjem sa svetim Božjim stvarima u crkvi ili da ih oštetimo polomimo ili bacimo.

Naročito kupovina ili prodaja bilo čega u crkvi nije prihvatljiva. Danas, sa razvojom Internet prodaje, neki ljudi iz crkve plaćaju za ono što kupuju na Internetu i dobijaju predmete u crkvi. Ovo je zasigurno poslovna transakcija. Mi treba da se sjetimo da je Isus prevrnuo stolove prepune para za razmjenjivanje i odbacio one koji su prodavali životinje kao žrtve paljenice. Isus nije prihvatao čak ni životinje koje su bile namjenjene kao žrtve paljenice jer su prodavane u Hramu. Prema tome, mi ne smijemo da kupujemo ili prodajemo ništa u crkvi iz ličnih potreba. To je isto kao kada bi imali tezgu u crkvenom dvorištu.

Sva mjesta u crkvi treba da budu izdvojena da bi mogli da služimo Bogu i da se družimo sa braćom i sestrama u Gospodu. Kada se mi molimo i često imamo susrete u crkvi, mi treba da budemo obazrivi da ne postanemo neosetljivi u svetosti crkve. Ako mi volimo crkvu, mi nećemo da se ponašamo u crkvi neumjesno, kao što je zapisano u Psalmima 84:10: *„Jer je bolje jedan dan u dvorima Tvojim od hiljade. Volim biti na pragu doma Božjeg nego živjeti u šatorima bezbožničkim.“*

Djelovati neumjesno prema ljudima

Biblija govori on koji ne voli svog brata ne može voljeti ni Boga. Ako se ponašamo nepristojno prema drugim ljudima koji su vidljivi, kako mi može da imamo najviše poštovanje prema Bogu koji nije vidljiv?

> *„Ako ko reče: „Ja volim Boga“, a mrzi svog brata, lažov je; jer koji ne voli brata svog, koga vidi, ne može voljeti Boga koga nije vidio“* (1. Jovanova Poslanica 4:20).

Dozvolite nam da razmotrimo najčešća nepristojna djela u našim svakodnevnim životima, koja lako mogu da budu primjetna. Obično, ako tražimo sopstvenu korist bez razmišljanja o pozicijama drugih, tu će postojati mnoga djela nepristojnog ponašanja. Na primjer, kada mi razgovaramo telefonom, mi takođe moramo da zadržimo naš bonton. Ako zovemo kasno uveče ili po noći i razgovaramo na telefonu dugo vremena sa osobom koja je veoma zauzeta, to će njemu nanijeti štetu. Kasniti na sastanke ili neočekivano posjetiti nečiju kuću ili doći nepozvan su takođe nevaspitana djela.

Jedan će možda misliti: „Mi smo toliko bliski i nije li mali preterano formalno misliti o svim stvarima koje se događaju između nas?" Vi ćete možda imati veoma dobar odnos da bi razumijeli sve stvari o drugoj osobi. Ali to je ipak teško da razumijete srce drugih 100%. Mi ćemo možda misliti da izražavamo naš odnos sa drugom osobom, ali on to drugačije može da shvati. Prema tome, mi treba da pokušamo da mislimo iz pogleda drugoga. Mi naročito treba da budemo pažljivi da se ne ponašamo nepristojno prema drugoj osobi ako nam je ona bliska i prijatno joj je sa nama.

Mnogo puta mi ćemo izgovoriti neumjesne riječi ili ćemo neumjesno povrijediti osjećanja ili ćemo uvrijediti druge koji su nam najbliži. Mi se ponašamo nepristojno prema članovima porodice ili prijateljima koji su nam bliski i na kraju odnos postaje stran i može da postane veoma loš. Takođe, neki stariji ljudi se ophode prema mlađim ljudima ili onima koji su na nižim pozicijama nepristojno. Oni govore bez poštovanja ili imaju zapovjednjački stav da bi načinili druge da se osjećaju nelagodno.

Ali danas, veoma je teško pronaći ljude koji potpuno predano služe njihovim roditeljima, učiteljima starijim ljudima, kojima mi svakako treba da služimo. Neki možda govore da se situacija promjenila ali postoji nešto što se nikada ne mijenja. Levitski Zakonik 19:32 govori: *„Pred sedom glavom ustani, i poštuj lice starčevo, i boj se Boga svog; Ja sam GOSPOD."*

Volja Boga za nas je da uradimo našu potpunu dužnost između ljudi. Božja djeca treba takođe da održavaju zakon i red na ovoj zemlji a ne da se ponašaju nepristojno. Na primjer, ako mi uzrokujemo pobunu na javnom mjestu, pljunemo na ulici ili kršimo saobraćajni zakon, to je ponašati se nepristojno prema mnogim ljudima. Mi smo Hrišćani koji bi trebali da budu svjetlost i so ove zemlje i prema tome mi uvijek treba da budemo obazrivi sa našim riječima, dijelima i ponašanjem.

Zakon ljubavi je glavno pravilo

Većina ljudi provodi najviše vremena sa drugim ljudima, sastaju se razgovaraju sa njima, jedu sa njima i rade sa njima. Do te mjere, postoje mnoge vrste kulturnog bontona u našim svakodnevnim životima. Ali svako ima različiti stepen obrazovanja i kulture se razlikuju u različitim zemljama i između različitih rasa. Onda, kakvo bi trebalo da bude pravilo u našim manirima?

To je zakon ljubavi koji je u našim srcima. Zakon ljubavi se odnosi na zakon Božji koji je sama ljubav. Naime, do mjere da smo utisnuli Riječ Božju u našim srcima i da je praktikujemo, mi ćemo imati stavove Gospoda i nećemo se ponašati nepristojno. Drugo značenje u zakonu ljubavi je „uvažavanje."

Čovjek je išao svojim putem kroz tamnu noć i sa lampom u ruci. Drugi čovjek je išao svojim putem ali u suprotnom pravcu kada je vidio ovog čovjeka sa lampom, i zapazio je da je on slijep. Tako da ga je pitao zašto nosi lampu iako nije mogao da vidi. Onda je on rekao: „To je da se ti ne bi udario o mene. Ova lampa je za tebe." Mi možemo da osjetimo nešto u vezi ovog uvažavanja iz ove priče.

Uvažavanje drugih, iako se čini beznačajnim, ima veliku moć da dotakne srca drugih. Nepristojna djela dolaze od nesmotrenosti prema drugima, što znači da tu postoji nedostatak ljubavi. Ako mi zaista volimo druge, mi ćemo uvijek uvažavati njih i nećemo biti nepristojni.

U poljoprivredi, ako se previše odvajaju zakržljale voćke od svih voćki, plodovi koji rastu će uzeti sve dostupne hranljive sastojke i zbog toga će imati preterano debelu koru i njihov ukus neće biti dobar. Ako ne uvažavamo druge, na momenat mi ćemo uživati u svim stvarima koje su slobodne, ali mi ćemo postati samo neukusni i ljudi sa debelom kožom kao voće koje je naknadno hranjeno.

Zbog toga kao što Poslanica Kološanima 3:23 govori: „*I sve šta god činite, od srca činite kao Gospodu, a ne kao ljudima*" mi treba da služimo svima sa najvećim poštovanjem na način na koji služimo Gospodu.

7. Ljubav ne traži svoje

U ovom modernom svijetu nije teško naći sebičnost. Ljudi traže sopstvenu korist a ne dobrotu javnosti. U nekim zemljama stavljaju opasne materije u mlijeko u prahu namjenjeno bebama. Neki ljudi prouzrokuju veliku štetu sopstvenim zemljama tako što kradu tehnologiju koja je veoma važna za njihovu zemlju.

Zbog problema „ne u mom dvorištu" veoma je teško za vladu da izgradi javne objekte kao što su deponije ili krematorijumi. Ljudi ne mare za dobrobit drugih ljudi već samo na tome da je njima dobro. Iako ne tako ekstremni kao ovi slučajevi, mi takođe možemo da nađemo mnogo sebičnih djela u našim svakodnevnim životima.

Na primjer, neke kolege ili prijatelji izlaze zajedno na obrok. Oni trebaju da odaberu šta će jesti i jedan od njih insistira na onome što on želi da jede. Druga osoba dozvoljava ono šta ta osoba želi, ali njemu nije prijatno iznutra. Ipak druga osoba uvijek traži mišljenje trećeg lica. Onda bilo da on voli ili ne ovu vrstu hrane koju je drugi odabrao, on će to uvijek jesti sa radosti. U koju kategoriju vi spadate?

Grupa ljudi se priprema da održi sastanak povodom nekog događaja. Njima su na raspolaganju različite vrste mišljenja. Jedna osoba pokušava da nagovori druge dok se drugi slažu sa njim. Druga osoba ne insistira na mišljenju toliko mnogo, već kada mu se ne sviđa mišljenje druge osobe on pokazuje negodovanje, ali ipak prihvata to.

Opet druga osoba sluša druge bilo da imaju svoje mišljenje ili ne. I, čak iako se njihova ideja razlikuje od njegove, on pokušava da je prati. Takva razlika potiče od velike ljubavi koju svako ima u njegovom srcu.

Ako postoji sukob mišljenja koji dovodi do rasprava i svađa, to je zato što ljudi traže sopstvenu korist i samo insistiraju na svom mišljenju. Ako vjenčani par insistira samo na svom mišljenju, oni će konstantno imati padove i oni neće uspijeti da razumiju jedno drugo. Oni mogu da imaju mir ako nastoje da razumiju jedan drugog, ali mir je često narušen zato što svako od njih insistira na sopstvenom mišljenju.

Ako mi volimo nekoga, mi ćemo brinuti za tu osobu više nego za sebe same. Hajde da razmotrimo roditeljsku ljubav. Većina roditelja misli najprije na svoju rođenu djecu pa onda na sebe. Tako da, majke će voljeti da čuju: „Tvoja kćer je tako lijepa," više nego „Ti si tako lijepa."

Radije nego da jedu sami ukusniju hranu, oni će se osjećati sretnije kada njihova djeca jedu dobro. Radije nego sami da nose dobru odjeću, doni će biti sretniji da obuku njihovu djecu u dobru odjeću. Takođe, oni žele da njihova djeca budu mnogo inteligentnija nego oni sami. Oni žele da njihova djeca budu prepoznata i voljena od drugih. Ako mi dajemo ovakvu vrstu ljubavi prema našim komšijama i prema svim drugim, koliko zadovoljan će Bog Otac biti sa nama!

Avram je tražio način da ljubavlju pomogne drugima

Staviti tuđe interese ispred naših sopstvenih je imati požrtvovanu ljubav. Avram je dobar primjer osobe koji je tražio korist drugih više nego svoju sopstvenu.

Kada je Avram napuštao rodno mjesto, njegov bratanac Lot ga je pratio. Lot je takođe dobio velike blagoslove zahvaljujući Avramu i on je imao toliko mnogo životinja da nije bilo dovoljno vode da se napoji i Lotovo i Avramovo stado i čopor. Ponekad su vođe čopora obeju strana čak imale i rasprave.

Avram nije želio da se naruši mir i dao je Lotu pravo da bira prvi koju stranu zemlje želi a njemu bi ostala druga. Veoma važna stvar u brizi za stado jeste trava i voda. Mjesto na kojem su oni ostali nije imalo dovoljno trave i vode za cijeli čopor i dobiti bolje zemljište u je bilo u smislu i odreći se potrepština za opstanak.

Avram je mogao da ima tako veliko uvažavanje prema Lotu zato što ga je Avram veoma mnogo volio. Ali Lot nije u stvari veoma dobro razumio ovu ljubav Avrama; on je samo odabrao bolje zemljište, dolinu Jordana i otišao je. Da li se Avram osjećao nelagodno vidjevši da je Lot odmah odabrao bes ustezanja ono što je bilo dobro za njega? Ni malo! On je bio srećan što je njegov bratanac uzeo bolju zemlju.

Bog je vidio ovo dobro srce Avrama i blagoslovio ga je sa još više gdje god bi pošao. On je postao tako bogat čovjek da je bio poštovan čak i od strane kraljeva u toj oblasti. Kao što je ovde ilustrovano, mi ćemo zasigurno dobiti blagoslove od Boga ako prvo tražimo korist za druge ljude a ne našu sopstvenu.

Ako mi damo nešto naše našim voljenima, radost će biti veća nego išta drugo. To je vrsta radosti da samo oni koji su dali nešto vrijedno svojim voljenima mogu da razumiju. Isus je uživao takvoj radosti. Najveća radost može da se posjeduje kada kultivišemo savršenu ljubav. Veoma je teško da damo onima koje smo mrzeli, ali nije teško nimalo da damo onima koje volimo. Mi ćemo biti srećni kada dajemo.

Uživati u velikoj radosti

Savršena ljubav nam dozvoljava da uživamo u najvećoj radosti. I da bi imali savršenu ljubav poput Isusa, mi treba da mislimo više na druge nego na sebe. Više nego mi sami, naše komšije, Bog i Gospod, crkva treba da bude naš prioritet i ako to učinimo, Bog će brinuti o nama. On će nam dati nešto bolje kada tražimo korist drugih ljudi. Na Nebu će biti skupljene naše nebeske nagrade. Zbog toga Bog govori u Djelima Apostolskim 20:35: *„Mnogo je blaženije davati negoli uzimati.“*

Ovdje, jedna stvar treba da nam bude jasna. Mi ne smijemo da uzrokujemo zdravstvene probleme nama dok radimo odano za Božje kraljevstvo van granica naše fizičke snage. Bog će prihvatiti naše srce ako pokušamo da budemo predani van naših ograničenja. Ali našem fizičkom tijelu je potreban odmor. Mi takođe treba da brinemo o napredovanju naše duše molitvama, postom i učenjem Riječi Božje a ne samo da radimo za crkvu.

Neki ljudi uzrokuju smetnju ili štetu i dolaze članovima porodice ili drugim ljudima jer provode suviše vremena na religiju ili na crkvene aktivnosti. Na primer, neki ljudi ne mogu da izvedu svoje dužnosti na prikladan način zato što poste. Poneki studenti će možda odbiti svoje studije da bi učestvovali u aktivnostima nedeljne škole.

U slučajevima iznad, oni možda misle da nisu tražili sopstvenu korist zato što i dalje rade naporno. Ali to zaista nije istina. Uprkos činjenici da su radili za Gospoda, oni nisu bili odani u cijelom Božjem domaćinstvu i prema tome to znači da nisu ispunili potpunu dužnost Božjeg djeteta. Nakon svega, oni samo vide sopstvenu korist.

Sada, šta mi treba da uradimo da bi izbjegli potražnju sopstvene koristi u svim stvarima? Mi treba da se oslonimo na Svetog Duha. Sveti Duh, koji je srce Božje nas vodi ka istini. Mi možemo da živimo samo za slavu Boga ako radimo sve pod vođstvom Svetog Duha baš kao što je Apostol Pavle rekao: *„Ako dakle jedete, ako li pijete, ako li šta drugo činite, sve na slavu Božju činite"* (1. Korinćanima Poslanica 10:31).

Da bi mogli da učinimo kao što je iznad napisano, mi moramo da odbacimo zlo iz našeg srca. Šta više, ako kultivišemo iskrenu ljubav u našim srcima, mudrost dobrote će doći nad nama kako bi mogli da razlikujemo volju Božju u svakoj situaciji. Kao gore navedeno, ako naša duša napreduje, sve stvari će ići dobro po nas i mi ćemo biti zdravi tako da mi možemo da budemo odani Bogu do najveće mjere. Mi ćemo takođe voljeti naše komšije i članove porodice.

Kada su tek postali mladenci došli kod mene da prime molitvu, ja sam se uvijek molio za njih da traže korist najprije jedan u drugome. Da su tražili samo sopstvenu, oni ne bi bili sposobni da imaju savršenu porodicu.

Mi možemo da tražimo korist u onima koje volimo ili onima koji mogu da budu nama od pomoći. Ali šta je sa onima koji nam otežavaju vrijeme u svakom pogledu i uvijek prate svoju korist? I šta je sa onima koji nam nanose štetu ili nam uzrokuju da od nevolje patimo, ili onima koji ne mogu nama biti od koristi? Kako da se ponašamo prema takvim koji rade u neistini i govore zle riječi sve vrijeme?

U tim slučajevima, ako ih samo izbjegnemo ili ako nismo voljni da se žrtvujemo za njih, to znači da i dalje tražimo sopstvenu korist. Mi bi trebali da da možemo da žrtvujemo sebe i da dajemo put čak i onim ljudima koji imaju drugačije ideje od naših. Samo onda možemo biti smatrani kao pojedinci koji su odavali duhovnu ljubav.

8. Ljubav se ne srdi

Ljubav čini ljudsko srce pozitivnim. Sa druge strane, ljutnja čini ljudsko srce negativnim. Ljutnja povređuje srce i čini ga tamnim. Tako da, ako se vi naljutite, vi ne možete da boravite u ljubavi Božjoj. Ogromna klopka koju postavljaju neprijatelj đavo i Sotona ispred Božje djece su mržnja i ljutnja.

Biti isprovociran nije samo naljutiti se, vikati, kleti i postati nasilan. Ako vaše lice postaje zgrčeno, ako se vaša boja lica promjeni i ako vaš način na koji govorite postaje oštar, to su sve dijelovi djelovanja u provokaciji. Iako je jačina različita u svakom slučaju, to je i dalje spoljašnji izgled mržnje i bolesnih osjećanja u srcu. Ali onda, samo kada vidimo nečiju pojavu, mi ne bi trebali da osuđujemo ili optužujemo druge misleći da je on ljut. Nije lako za nikoga da precizno razumije srca drugih osoba.

Isus je jednom istjerao one koji su prodavali stvari u Hramu. Trgovci su postavljali stolove i menjali novac ili prodavali stoku ljudima koji su došli u Hram Jerusalima da bi se pridružili Pashi. Isus je tako nežan; On se ne svađa niti galami i niko neće čuti Njegov glas na ulici. Ali kada je vidio ovu scenu, Njegov stav je bio mnogo drugačiji od običnog.

On je napravio bič od konopca i istjerao ovce, krave i druge žrtve paljenice. On je prevrnuo stolove manjača novca I prodavaca golubova. Kada su ljudi u Njegovoj okolini vidjeli ovakvog Isusa, oni su možda pomislili da je On bio ljut. Ali u to vrijeme, to nije bilo da je On ljut zbog nekih bolesnih osjećanja kao što je mržnja. On je samo imao pravedan gnjev. Sa Njegovim pravednim gnjevom, On nam je dozvolio da razumijemo da se nepravedno skrnavljenje Božjeg hrama ne može tolerisati. Ova vrsta pravednog gnjeva je ishod ljubavi za Boga koji usavršava ljubav sa Njegovom pravdom.

Razlika između pravedne ogorčenosti i gnjeva

U Jevanđelju po Marku poglavlje 3, na Sabat Isus je iscijelio čovjeka u sinagogi koji je imao paralizovanu ruku. Ljudi su posmatrali Isusa da bi vidjeli da li može da iscijeli osobu na Sabat kako bi mogli da ga optuže što narušava dan Sabata. U ovom vremenu, Isus je znao srca ljudi i pitao je: „*Valja li u subotu dobro činiti ili zlo činiti? Dušu održati, ili pogubiti?*" (Jevanđelje po Marku 3:4).

Njihova namjera je bila otkrivena i oni više nisu imali riječi da govore. Isusova ljutnja je bila iznad njihovih mrzovoljnih srca.

> *I pogledavši na njih s gnjevom od žalosti što su im onako srca odrvenila, reče čovjeku: „Pruži ruku svoju." I pruži; i posta ruka zdrava kao i druga* (Jevanđelje po Marku 3:5).

U to vrijeme, zli ljudi su samo pokušavali da optuže i da ubiju Isusa koji je činio samo dobra djela. Tako da, ponekad, Isus je koristio jake izraze za njih. To je bilo da bi im dozvolio da razumiju i da se okrenu od puta ka uništenju. Slično tome, pravedan gnjev Isusa je poticao iz Njegove ljubavi. Ovaj gnjev je ponekad budio ljude i poveo ih ka životu. Na ovaj način biti isprovociran i imati pravedan gnjev su potpuno razlikuje. Samo onda kada neko postane posvećen i nema ni malo grijeha, njegove zamerke i prekori daju život dušama. Ali bez posvećenosti srca, jedan ne može da ubere ovu vrstu voća.

Postoje nekoliko razloga zašto ljudi postaju ljuti. Prvi je, kada se ljudske ideje i ono što oni žele razlikuju jedni od drugih. Svako ima različitu porodičnu pozadinu i obrazovanje, tako da njihova srca i misli i stavovi osuđivanja se svi razlikuju jedni od drugih. Ali oni pokušavaju drugima da nametnu sopstvene ideje i u ovom procesu oni počinju da dobijaju loša osjećanja.

Pretpostavimo da muž voli slanu hranu dok supruga ne. Onda žena može da kaže: „Previše soli nije dobro za tvoje zdravlje, treba da koristiš mnogo manje soli." Ona daje ovaj savjet zbog muževljevog zdravlja. Ali ako muž to ne želi, ona ne treba da insistira na tome. Oni treba da pronađu put kako bi jedan drugome popuštali. Oni mogu da stvore srećnu porodicu kada to pokušaju zajedno.

Drugo, osoba može da se naljuti kada ga neko drugi ne sluša. Ako je on mnogo stariji ili na većoj poziciji, on želi da se njemu drugi povinuju. Naravno, ispravno je da poštujete starije i da se povinujete onima koji vode pozicije u hijerarhiji, ali nije ispravno za one ljude da prisiljuju druge koji su u nižim pozicijama da im se takođe povinuju.

Postoje slučajevi kada osoba koja je po redu na većoj poziciji ne sluša potčinjene ni malo i samo želi da slijedi isključivo svoje riječi. U drugim slučajevima ljudi se ljute kada pate za gubitkom ili kada se nepravedno prema njima ophode. Šta više, jedan može da se naljuti kada ga ljudi odbacuju bez ikakvog razloga, ili kada stvari nisu urađene kao što je to tražio ili dao instrukcije; ili kada ga ljudi klevete ili ga vrijeđaju.

Prije nego što se naljute, ljudi su već najprije imali prirodno bolesna osjećanja. Riječi ili djela drugih podstiču takva njihova osjećanja. Na kraju nemirna osjećanja potiču iz ljutnje. Obično, imati ovakva prirodno bolesna osjećanja je prvi korak do ljutnje. Mi ne možemo da boravimo u ljubavi Božjoj i naš duhovni rast je ozbiljno narušen ako se ljutimo.

Mi ne možemo da promjenimo sebe sa istinom sve dok imamo bolesna osjećanja, i mi moramo da odstranimo od nas provokaciju i da odbacimo samu ljutnju. 1. Poslanica Korinćanima 3:16 govori: „*Ne znate li da ste vi crkva Božja, i Duh Božji živi u vama?*“

Dozvolite nam da razumijemo da Sveti Duh uzima naše srce kao hram i da nas Bog uvijek posmatra, tako da nećemo biti isprovocirani zbog nekih stvari koje nisu u skladu sa našim idejama.

Ljutnja čoveka ne postiže pravednost Božju

U Jelisejevom slučaju, on je dobio duplu porciju od njegovog učitelja, Ilijev duh, i izvodio veća djela sa Božjom moći. On je jalovoj ženi dao blagoslov začeća; oživio je mrtvu osobu; iscijelio bolesne od lepre i pobijedio neprijateljsku vojsku. On je promjenio nepijaću vodu u vodu za piće time što je stavio so u nju. Uprkos tome, on je umro od bolesti, što je bilo rijetkost za velikog proroka Božjeg.

Šta je mogao da bude razlog? To je bilo dok je išao u Vetilj.

Grupa mladih momaka je izašla van grada i ismijavala ga, jer on nije imao mnogo kose i njegov izgled nije bio omiljen. *„Hodi, ćelo! Hodi, ćelo!“* (2. Knjiga Kraljevima 2:23).

Ne samo parovi, već veoma mnogo slugi pratilo i ismijavalo Jeliseja i on je bio osramoćen. On je njih savjetovao i grdio ih, ali oni nisu željeli da slušaju. Oni su bili toliko tvrdoglavi i otežavali su vreme proroku, da je to bilo nepodnošljivo za Jeliseja.

Vetilj je bio kao pravi dom za idolopoklonstvo u sjevernom Izraelu nakon podjele nacije. Sluge mora da su imale omrznuta srca dok su boravili u okruženju gdje se služilo idolima. Oni su možda blokirali put, pljuvali na Jeliseja ili čak bacali kamenje na njega. Jelisej ih je na kraju prokleo. Dvije ženke medveda izašle su iz šume i ubile su četrdeset i četvoro njihovog broja.

Naravno, oni su to sebi nanijeli jer su bez granica ismijavali čovjeka Božjeg ali to dokazuje da je Jelisej imao bolesna osjećanja. Nije relevantno činjenici da je umro od bolesti. Mi možemo da vidimo da nije dobro za djecu Božju da budu isprovocirana. *„Jer srdnja čovječija ne čini pravde Božje“* (Jakovljeva Poslanica 1:20).

Ne biti isprovociran

Šta mi treba da uradimo da se ne bi ljutili? Da li to treba da potisnemo sa samokontrolom? Kako guramo oprugu teško, ona dobija veliku povratnu silu i u momentu odskače kada pomjerimo ruku. To je isto i kada se ljutimo. Ako je samo potisnemo, mi ćemo možda izbjeći konflikt u tom momentu, ali prije ili kasnije će ona eksplodirati. Prema tome, da ne bi bili isprovocirani, mi treba da se otarasimo samog osjećaja ljutnje. Mi ne treba samo da je potisnemo već da promjenimo našu ljutnju u dobrotu i da volimo kako ne bi morali ništa da potiskujemo.

Naravno, mi ne možemo da odbacimo sve bolesne osjećaje preko noći i da njih zamjenimo sa dobrotom i ljubavi. Mi treba da učestalo pokušavamo iz dana u dan. Prvo, u provokativnoj situaciji, mi treba da prepustimo situaciju Bogu i da budemo strpljivi. Kao što je u studijama Tomasa Džefersona (Thomas Jefferson), trećeg predsednika Sjedinjenih Država zapisano: „Kada si ljut, broji do deset prije nego što progovoriš; ako si mnogo ljut, do sto." Korejanska izreka kaže: „biti tri puta strpljiv će zaustaviti ubistvo."

Kada smo ljuti, mi treba da se povučemo i da razmislimo koju korist će nam to donijeti ako smo ljuti. Onda, mi nećemo uraditi ništa zbog čega ćemo žaliti i ništa što će nas oramotiti. Kako mi pokušavamo da budemo strpljivi i uz pomoć Svetog Duha, mi ćemo uskoro odbaciti zla osjećanja i samu ljutnju. Ako smo se ranije ljutili deset puta, broj će se smanjiti do devet a onda na osam i tako dalje. Kasnije, mi ćemo imati samo mir u provokativnoj situaciji. Koliko ćemo biti srećni tada!

Poslovice 12:16 govore: „*Gnjev bezumnikov odmah se pozna, ali pametni pokriva sramotu*" a Poslovice 19:11 govore: „*Razum zadržava čovjeka od gnjeva, i čast mu je mimoići krivicu.*"

„Ljutnja" je samo „O" daleko od „Opasnosti." Mi ćemo moći da shvatimo koliko je opasno postati ljut. Konačni pobjednik će biti onaj koji istraje. Neki ljudi uvježbavaju samokontrolu kada su crkvi ili čak i u situacijama koje mogu da ih naljute, ali oni se lako razljute kod kuće u školi ili na radnom mjestu. Bog ne postoji samo u crkvi.

On zna naše sjedenje i stajanje, svaku riječ koju izgovorimo i svaku misao koju imamo. On nas posmatra svuda i Sveti Duh boravi u našim srcima. Prema tome, mi moramo da živimo život kao da stojimo pred Bogom sve vrijeme.

Određeni bračni par je imao raspravu i ljutit suprug je vikao na ženu da zatvori njena usta. Ona je bila toliko šokirana da nije otvorila usta ponovo da progovori sve dok nije umrla. Muž koji je izbacio svoju lošu narav u izlivu bijesa je takođe i kao i žena patio veoma mnogo. Biti isprovociran može da uzrokuje ljudima da pate i mi treba da se borimo da bi odbacili sve vrste bolesnih osjećanja.

9. Ljubav ne misli o zlu

U vođenju mog službovanja nailazio sam na širok spektar ljudi. Neki ljudi su osjećali emocije Božje ljubavi samo misleći o Njemu i počinjali su da liju suze dok su drugi imali nevolje u njihovim srcima zato što nisu duboko osjećali Božju ljubav u njihovim srcima iako su vjerovali i voljeli Njega.

Mjera do koje osjećamo ljubav Božju zavisi od mjere do koje smo odbacili grijehove i zlo. Do mjere da ćemo živjeti po Riječi Božjoj i odbaciti zlo iz naših srca, mi možemo da osjetimo ljubav Božju duboko u srcu bez da imamo zastoj u rastu naše vjere. Mi možemo ponekad da se sukobimo sa poteškoćama u maršu prema vjeri, ali u tim momentima mi treba da se sjetimo da je ljubav Božja ta koja nas čeka sve vrijeme. Sve dok se prisjećamo Njegove ljubavi, mi nećemo misliti o zlu.

Misliti o zlu

U njegovoj knjizi Lečenje životnih skrivenih bolesti zavisnosti, Dr. Arčibald D. Hart (Dr. Archibald D. Hart), predhodni dekan Filozofske škole na Fuler Bogosloviji (Fuller Theological Seminary), rekao je da jedan od četvorice mladih u Americi je u ozbiljnoj depresiji, a ta depresija, droga, seks, Internet, ispijanje alkohola i pušenje cigareta vladaju životima mladih ljudi.

Kada zavisnici prestanu da koriste supstance koje su im mijienjale razmišljanja, osećanja i ponašanje oni mogu biti ostavljeni sa malo, ili čak nimalo veština za adaptibilnost. Kao izlaz zavisnik može da se okrene drugim ponašanjima zavisnosti koja mogu da manipulišu njihovom moždanom hemmijom. Ovi načini naviknutog ponašanja mogu da uključuju seks, ljubav i odnose. Oni ne mogu da dobiju iskreno zadovoljstvo ni u čemu, a čak i ne mogu da osete milost i radost koja dolazi iz odnosa sa Bogom i prema tome oni su ozbiljno bolesni, po rečima Dr. Harta. Zavisnik je u nameri da dobije zadovoljstvo u drugim stvarima radije nego milost i radost datu od Boga i to je rezultat ignorisanja Boga. Zavisnik će u osnovi misliti o zlu sve vrijeme.

Sada, šta je zlo? To se odnosi na zle stvari, koje nisu u skladu sa voljom Božjom. Misliti na zlo može biti svrstano u tri kategorije.

Prva je vaša misao da želite nešto da ide loše drugim ljudima.

Na primjer, dozvolite nam da kažemo da ste imali raspravu sa nekim. Onda, vi njega mrzite toliko mnogo da mislite nešto kao: „Volio bih da zakorači i da padne." Takođe, recimo da vi niste imali najbolji odnos sa komšijom i nešto loše se njemu desilo. Onda, vi mislite: „Tako mu i treba!" ili „Znao sam da će se to dogoditi!" U slučaju studenata, neki student možda će željeti da njegov kolega iz odeljenja ne prođe dobro na ispitu.

Ako vi imate iskrenu ljubav u vama, vi nikada nećete misliti na ovakve zle stvari. Da li bi voljeli da vaši najmiliji budu bolesni ili da učestvuju u nesreći? Vi ćete uvijek željeti da vaša draga supruga ili suprug budu uvijek zdravi i oslobođeni od svih nevolja. Zato što mi nemamo ljubav u srcima, mi želimo da se nešto loše dogodi drugima i radujemo se tuđoj nesreći.

Takođe, mi želimo da znamo nepravednost i slabe tačke drugih ljudi i da ih širimo ako nemamo ljubavi. Pretpostavimo da ste pošli na sastanak i neko drugi tamo govori loše o nekoj osobi. Ako ste zainteresovani za takav razgovor, onda, vi bi trebali da provjerite vaše srce. Ako je neko ogovarao vaše roditelje, da li ćete nastaviti da slušate to? Vi ćete im reći da odmah prekinu.

Naravno, postoje vremena i situacije gdje vi treba da znate situaciju drugih zato što želite da im pomognete. Ali ako to nije slučaj i vi ste i dalje zainteresovani da čujete o lošim stvarima kod drugih, to je zato što imate želju da ogovoarate i da širite glasine o drugima. *„Ko pokriva prestup, traži ljubav; a ko ponavlja stvar, rastavlja glavne prijatelje"* (Poslovice 17:9).

Oni koji su dobri i imaju ljubav u njihovim srcima će pokušati da prekriju krivicu drugih. Takođe, ako mi imamo duhovnu ljubav, mi nećemo biti ljubomorni ili bijesni kada drugima ide dobro. Mi ćemo željeti njima da im samo ide dobro i da budu voljeni od drugih. Gospod Isis nam je rekao da volimo čak i naše neprijatelje. Poslanica Rimljanima 12:14 takođe govori: *„Blagosiljajte one koji vas gone: blagosiljajte, a ne kunite."*

Drugi aspekat zlih misli su misli osuđivanja i optuživanja drugih.

Na primer, pretpostavimo da ste vidjeli drugog vjernika kako ide na mjesto gdje vjernici ne bi trebali da idu. Onda, koje vrste misli ćete vi imati? Vi ćete možda imati negativno mišljenje prema njemu do mjere da imate zlo, misleći: „Kako je to mogao da uradi?" Ili, ako imate neku dobrotu, vi ćete se možda pitati: „Zašto bi on išao na takvo mjesto?" Ali onda, vi mijenjate vaše misli i mislite da mora da postoji razlog zašto je to uradio.

Ali ako imate duhovnu ljubav u vašem srcu, vi nećete imati nikakve zle misli na prvom mjestu. Čak iako čujete nešto što nije dobro, vi nećete širiti osude ili optuživati tu osobu ukoliko dobro ne provjerite činjenice. U većini slučajeva, kada roditelji čuju neke loše stvari o svojoj djeci, kako oni reaguju? Oni ne prihvataju to lako već radije insistiraju na tome da to njihova djeca ne bi učinila. Oni će pomisliti da osoba koja je govorila takve stvari je loša. Na isti način, ako vi zaista volite nekoga, vi ćete pokušati da mislite o njemu na najbolji mogući način.

Ali danas, mi nailazimo da ljudi misle loše o drugima i govore loše o drugima tako olako. To se ne radi samo u ličnim odnosima, već oni kritikuju i one koji su u javnim pozicijama.

Oni ni ne pokušavaju da vide pravu sliku onoga što se zaista dogodilo i ipak šire neosnovane glasine. Zbog agresivnih odgovora na Internetu, neki ljudi počine čak i samoubistvo. Oni samo osuđuju i optužuju druge svojim shvatanjima a ne sa Riječi Božjom. Ali koja je dobra volja Božja?

Jakovljeva Poslanica 4:12 nas upozorava: *„Jedan je zakonodavac i sudija, koji može spasti i pogubiti; a ti ko si što drugog osuđuješ?"*

Samo Bog može zaista da osuđuje. Naime, Bog nam govori da je zlo da osudujemo našeg komšiju. Pretpostavimo da je neko jasno uradio nešto loše. U ovoj situaciji, za one koji imaju duhovnu ljubav nije važno bilo da li je ta osoba učinila u tome dobro ili loše. Oni će samo misliti o tome šta je zaista korisno za tu osobu. Oni samo žele da duša te osobe napreduje i da bude voljena od Boga.

Šta više, savršena ljubav je ne samo da bi se prikrivali prestupi, već takođe i pomoći drugoj osobi da uspe da se pokaje. Mi bi trebali da učimo istinu i da dodirnemo srce osobe kako bi on mogao da ide na pravi put i da se sam promjeni. Ako mi imamo savršenu duhovnu ljubav, mi ne moramo da pokušavamo da gledamo tu osobu sa dobrotom. Mi prirodno volimo čak i osobu sa mnogo prestupa. Mi ćemo samo željeti da joj vjerujemo i da joj pomognemo. Ako nemamo ni jedne misli optuživanja i osuđivanja drugih, mi ćemo biti srećni sa ma kime se susreli.

Treći aspekat su sve misli koje nisu u skladu sa voljom Božjom.

Ne samo kada imamo zle misli o drugima nego kada imamo i zle misli koje nisu u skladu sa voljom Božjom, su zle misli. U svijetu, ljudi koji žive po moralnim standardima i u skladu sa savjesti za njih se kaže da žive u dobroti.

Ali niti moral niti savjest ne mogu biti pravi standard dobrote. Obe imaju mnogo stvari koje su suprotne ili totalno protivne Božjoj Riječi. Samo Riječ Božja može biti pravi standard dobrote.

Oni koji prihvate Gospoda priznaju da su griješnici. Ljudi će možda biti ponosni na sebe zbog činjenice da su živjeli dobar i moralni život, ali oni su ipak zli i ipak su griješnici u skladu sa Božjom Riječi. To je zato što sve što nije u skladu sa Božjom Riječi je zlo ili grijeh i Riječ Božja je jedini pravi standard dobrote (1. Jovanova Poslanica 3:4).

Onda, koja je razlika između grijeha i zla? U širem smislu, grijeh i zlo su oba neistina što je protivno istini što je Riječ Božja. Oni su tama, što je suprotno Bogu koji je Svjetlost.

Ali kako idemo do većih detalja oni se poprilično razlikuju jedan od drugoga. Da bi uporedili ovo dvoje sa drvetom „zlo“ je kao korijen koji je u zemlji i nije vidljiv, a „grijeh “ je kao granje, lišće i voće.

Bez korijena, drvo ne može da ima granje, lišće niti voće. Slično tome, grijeh je razumljiv zbog zla. Zlo je priroda koja je u nečijem srcu. To je priroda koja je protiv dobrote, ljubavi i istine Božje. Kada se ovo zlo manifestuje u posebnom obliku, onda se ono odnosi na grijeh.

Isus je rekao: „*Dobar čovjek iz dobre kleti srca svog iznosi dobro, a zao čovjek iz zle kleti srca svog iznosi zlo, jer usta njegova govore od suviška srca*“ (Jevanđelje po Luki 6:45).

Pretpostavimo da neka osoba govori nešto što povređuje nekoga drugog koga mrzi. Ovo je kada se zlo u njegovom srcu manifestuje kao „mržnja“ i „zle riječi,“ su određeni grijehovi. Grijeh je razumljiv u skladu sa standardom nazvanim Riječ Božja, što je zapovjest.

Bez zakona niko ne može da kazni nikoga zato što ne postojim standard u razlikovanju i osuđivanju. Slično tome, grijeh je otkriven pošto je protiv standarda Božje Riječi. Grijeh može biti kategorisan u stvari mesa i djela mesa. Stvari mesa su grijehovi počinjeni u srcu i mislima kao što su mržnja, ljutnja, ljubomora preljubničke misli dok su djela mesa grijehovi počinjeni u djelima kao što je ogovaranje, rasipanje preke naravi ili ubistvo.

To je nekako slično sa grijehovima kriminalaca na ovoj zemlji koji su takođe svrstani u dva različita grijeha. Na primjer, zavisiti od nekoga nad kime je zločin počinjen, može biti protiv nacije, ljudi ili pojedinaca.

Ali čak iako jedinka ima zlo u svom srcu, nije sigurno da će počiniti grijehove. Ako on sluša Riječ Božju i ima samokontrolu, on može da izbjegne da počini grijehove čak iako ima isto zlo u njegovom srcu. U ovoj fazi, on može samo da bude zadovoljan zato što je ispunio zadovoljstvo samo zato što nije počinio jasan grijeh.

Kako bi postali potpuno posvećeni, međutim, mi moramo da se otarasimo zla koje je usađeno u našoj prirodi, što je dubina našeg srca. U nečijoj prirodi je sadržano zlo nasljeđe od njegovih roditelja. Ono nije obično otkriveno u običnim situacijama ali će se suočiti sa ekstremnim situacijama.

Korejanska izreka kaže: „Svako će preskočiti ogradu komšije ako gladuje tri dana." To je isto kao: „Nužnost ne priznaje zakon." Sve dok nismo potpuno posvećeni, zlo koje se skrivalo može biti otkriveno u ekstremnim situacijama.

Iako je ekstremo mali, izmet muve je ipak izmet. Mnogo više na isti način, čak iako nisu grijehovi, sve stvari nisu savršene iz savršenog Božjeg pogleda već forme zla nakon svega. Zbog toga se u 1. Poslanici Solunjanima 5:22 govori: *„...uklanjajte se od svakog zla."*

Bog je ljubav. U osnovi, Božje zapovjesti mogu biti smatrane u „ljubav." Naime, zlo je i bezakonje ne voleti. Prema tome, da bi provjerili da li se radujemo nepravdi, možemo da mislimo o tome koliko mnogo ljubavi imamo u sebi. Do mjere da volimo Boga i druge duše, mi nećemo da mislimo o zlu.

> *I ovo je zapovjest Njegova da vjerujemo u ime Sina Njegovog Isusa Hrista, i da ljubimo jedan drugog kao što nam je dao zapovjest* (1. Jovanova Poslanica 3:23).

> *Ljubav ne čini zla bližnjemu; dakle je ljubav izvršenje zakona* (Poslanica Rimljanima 13:10).

Ne misliti o zlu

Da ne bi mislili o zlu, povrh svega, mi ne samo da vidimo ili da čujemo zle stvari. Čak i ako se dogodi da vidimo ili čujemo, mi ne treba da pokušavamo da se setimo toga ponovo. Mi ne smijemo da pokušamo da se prisjećamo. Naravno, ponekad mi nećemo moći da kontrolišemo naše sopstvene misli. Praktična misao može da naraste mnogo jače kako pokušavamo da ne mislimo o tome. Ali kako nastavimo da pokušavamo da nemamo zle misli sa molitvama, Sveti Duh će nam pomoći. Mi ne smijemo nikako inicijativno da vidimo, čujemo ili mislimo zle stvari i šta više, mi treba da odbacimo čak i misli koje prostruje momentalno kroz naše misli.

Mi ne treba da učestvujemo takođe ni u nikakvim zlim djelima. 2. Jovanova Poslanica 1:10-11 govori: *„Ako ko dolazi k vama i ove nauke ne donosi, ne primajte ga u kuću, i ne pozdravljajte se s njim; jer ko se pozdravi s njim, prima dio u njegovim zlim djelima.“* Bog je taj koji nas savjetuje da izbjegnemo zlo i da ga ne prihvatamo.

Čovjek nasljeđuje grešnu prirodu od svojih roditelja. Dok živimo na ovoj zemlji, ljudi dolaze u kontakt sa mnogim neistinama. Na osnovu ove grešne prirode i neistine, čovjek „sam“ razvija svoj osobeni karakter. Hrišćanski život je odbaciti ove grešne prirode i neistinu od momenta kada prihvatimo Gospoda. Da bi odbacili ovu griješnu prirodu i neistine, nama je potrebno mnogo strpljenja i napora. Pošto živimo na ovoj zemlji, nama je poznata neistina više nego istina. Obično je mnogo lakše prihvatiti neistinu od istine i usaditi je u nama nego je odbaciti. Na primjer, lako je umazati bijelo odijelo sa crnom tintom, ali je veoma teško skinuti fleku i učiniti odijelo ponovo bijelim.

Takođe, čak iako izgledea kao veoma malo zlo, ono može da izraste u veće zlo u momentu. Baš kao što Poslanica Galaćanima 5:9 govori: *„Malo kvasca ukiseli sve tijesto"* mali grijeh može da se veoma brzo raširi među ljudima. Prema tome, mi moramo da budemo oprezni čak i sa malim djelom zla. Biti sposoban a ne misliti o zlu, mi moramo da to mrzimo bez da imamo druge misli o tome, Bog nama zapovijeda: *„Koji ljubite GOSPODA, mrzite na zlo"* (Psalmi 97:10), i uči nas da: *„Strah je GOSPODNJI mržnja na zlo"* (Poslovice 8:13).

Ako vi strasno volite nekoga, vi ćete željeti da se i vi dopadnete toj osobi i nećete voljeti ono što ta osoba ne voli. Vi ne treba za ovo da imate razloga. Kada Božja djeca, koja su primila Svetog Duha, počine grijeh Sveti Duh u njima jeca. Tako da, u njihovim srcima oni će imati osjećaj povrijeđenosti. Onda će oni razumijeti da Bog mrzi ove stvari koje su učinili, i oni će pokušati da ne čine više grijehove. Veoma je važno da pokušate da odbacite čak i male oblike zla i da ne prihvatate više zlo.

Snadbeti se Riječi Božjom i molitvom

Zlo je tako beskorisna stvar. Poslovice 22:8 govore: *„Ko sije bezakonje žeće muku."* Bolesti mogu da se nama pojave ili našoj djeci, ili možemo da se suočimo sa nesrećama. Mi ćemo živjeti u žalosti zbog siromaštva i porodičnih problema. Svi ovi problemi, nakon svega, potiču od zla.

Ne varajte se: Bog se ne da ružiti; jer šta čovjek posije

ono će i požnjeti (Poslanica Galaćanima 6:7).

Naravno, problemi se neće pojaviti odmah nama ispred očiju. U ovom slučaju, kada je zlo uzdignuto do neke mjere, ono može čak i da uzrokuje probleme koji će povrijediti našu djecu kasnije. Pošto svjetski ljudi ne razumiju ovu vrstu vladavine, oni čine mnogo zlobnih stvari na mnogo zlobne načine.

Na primjer, oni smatraju da je normalno da se svete onima koji su njih ugrozili. Ali Poslovice 20:22 govore: *„Ne govori: Vratiću zlo; Čekaj GOSPODA, i sačuvaće te."*

Bog kontroliše život, smrt bogatstvo i nesreće ljudskog roda u skladu sa Njegovom pravdom. Prema tome, ako činimo dobro u skladu sa Riječi Božjom, mi ćemo definitivno ubirati voće dobrote. To je baš obećano u Izlasku 20:6 koji govori: *„A činim milost na hiljadama onih koji Me ljube i čuvaju zapovijesti Moje."*

Da bi bili udaljeni od zla, mi moramo da mrzimo zlo. I na vrh toga, mi treba da imamo dvije stvari u ogromnim količinama sve vrijeme. To su Riječ Božja i molitva. Kada meditiramo nad Riječi Božjom danju i noću, mi možemo da istjeramo zle misli i da imamo duhovne i dobre misli. Mi možemo da razumijemo koja vrsta djela je djelo iskrene ljubavi.

Takođe, kako se molimo, mi meditiramo nad Riječi Božjom čak još i dublje, tako da mi možemo da razumijemo zlo u našim riječima i djelima. Kada se revnosno molimo uz pomoć Svetog Duha, mi možemo da vladamo i da odbacimo zlo iz naših srca. Hajde da brzo izbacimo zlo sa Riječju Božjom i molitvom tako da možemo da živimo život ispunjen srećom.

10. Ljubav se ne raduje nepravdi

Što se više razvija društvo, veće su šanse da pošteni ljudi budu uspješni. Suprotno tome, manje razvijene zemlje sklone su da imaju više korupcije i skoro sve se može imati ili uraditi sa novcem. Korupciju nazivamo bolest nacije, jer se odnosi na napredak zemlje. Korupcija i nepravednost takođe pogađaju živote pojedinaca do velike mjere. Sebični ljudi ne mogu da steknu iskreno zadovoljstvo jer misle samo na sebe i ne mogu da vole druge.

Ne radovati se u nepravednosti i ne misliti o zlu je skoro isto. „Ne uzimati u obzir pogrešno pretrpljeno" je nemati nikakav oblik zla u srcu. „Ne radovati se u nepravednosti" je ne biti zadovoljan sa sramnim ili stidnim držanjem, djelima ili ponašanjem i nije učestvovanje u istim.

Pretpostavimo da ste ljubomorni na prijatelja koji je bogat. Vama se on takođe neće svidjeti jer se čini da se on stalno hvali o njegovom bogatstvu. Vi ćete takođe misliti nešto kao: „On je toliko bogat, a šta je samnom? Nadam se da će da bankrotira." Ovo je misliti o lošim stvarima. Ali jednog dana, neko ga je prevario i njegova kompanija je bankrotirala u jednom danu. Ovde, ako uživate misleći: „On se hvalio o svom bogatstvu, neka mu je!" onda je ovo radovanje ili uživanje u nepravednosti. Šta više, ako učestvujete u ovoj vrsti djela, to je u stvari radovanje nepravdi.

Postoji uopšteno nepravednost, za koju čak i nevjernici misle da je nepravednost. Na primjer, neki ljudi stiču svoje bogatstvo na nepošten način varajući ili primjenom sile prema drugima. Neko će možda prekršiti propisane mjere zakona zemlje i prihvatiće nešto u zamjenu za svoj lični napredak. Ako sudija donese nepravednu osudu zbog primanja mita, nevin čovjek je kažnjen, ovo je nepravednost iz svačijeg pogleda. To je zloupotreba njegove vlasti kao sudije.

Kada neko prodaje nešto, on može varati o obimu kvaliteta. On će možda iskoristiti jeftine ili manje kvalitetne sirovine da bi da bi dobio odgovarajuću zaradu. Oni ne misle na druge već samo na svoju kratkotrajnu korist. Oni znaju šta je ispravno, ali se ne ustezaju da varaju druge zato što se raduju u nepravednom novcu. Postoje u stvari mnogo ljudi koji varaju druge da bi nepravedno zaradili Ali šta je sa nama? Možemo li reći da smo mi čisti?

Pretpostavimo da se nešto kao što slijedi dogodi. Vi ste civilan radnik i saznali ste da jedan od vaših kolega zarađuje veliku svotu novca u ilegalnim poslovima. Da njega uhvate, on bi bio strogo kažnjen i ovaj prijatelj vam daje veliku svotu novca da vi ćutite i da to ignorišete neko vrijeme. On kaže da će vam čak dati i više kasnije. U to isto vrijeme vaša porodica ima nešto hitno i vama je potrebna velika svota novca. Sada, šta ćete uraditi?

Dozvolite da zamislimo drugu situaciju. Jednog dana, provjeravate vaš račun u banci i imate više novca nego što ste mislili da imate. Saznajete da novac koji je trebao da bude prebačen za porez nije povučen. U ovom slučaju kako ćete reagovati? Da li ćete se radovati misleći da je to njihova greška a ne vaša odgovornost?

2. Knjiga Dnevnika 19:7 kaže: „*Zato neka bude strah*

GOSPODNJI u vama; pazite i radite, jer u GOSPODA Boga našeg nema nepravde, niti gleda ko je ko, niti prima poklone.“ Bog je pravednost, On nema ni malo nepravednosti. Mi možemo biti prekriveni u očima ljudi, ali mi ne možemo da prevarimo Boga. Prema tome, čak i sa samim strahom prema Bogu, mi treba da hodamo pravim putem i pošteno.

Razmislite o Avramovom slučaju. Kada je njegov rođak bio zarobljen u Sodomi u ratu, Avram ne samo da je oslobodio rođaka već je i ljude koji su bili zarobljeni i bili u njihovom vlasništvu. Kralj Sodome je želio da pokaže njegovu zahvalnost Avramu vraćajući neke stvari koje je vratio kralju, ali Avram nije htio da prihvati.

> *A Avram reče caru sodomskom: „Dižem ruku svoju ka GOSPODU Bogu Višnjem, čije je nebo i zemlja, zaklinjući se, ni konca ni remena od obuće neću uzeti od svega što je tvoje, da ne kažeš: Ja sam obogatio Avrama“* (Postanak 14:22-23).

Kada je njegova žena Sara umrla, vlasnik zemlje je ponudio mjesto za grobnicu, ali on nije želio da prihvati. On je samo platio poštenu cijenu. To je bilo da ne bi došlo do nikakvih rasprava u vezi zemlje. On je uradio ono što je uradio zato što je bio pošten čovjek; on nije želio da primi ne zasluženi dobitak niti nepravednu korist. Da je tražio novac on je mogo samo da ide za samostalnu korist.

Oni koji vole Boga i koji su voljeni od Boga neće nikada nauditi drugima ili tražiti sopstvenu korist kršeći zakon države. Oni ne prihvataju ništa više od onog što su zaslužili kroz njihov pošten rad. Oni koji se raduju nepravdi nemaju ljubavi za Boga ili za svoje komšije.

Nepravednost iz pogleda Božjeg

Nepravednost u Gospodu je malo drugačija od nepravednosti u uopštenom kontekstu. To nije samo kršenje zakona ili činjenje štete drugima već i sav i svaki grijeh koji je protiv Riječi Božje. Kada zlo u srcu dolazi ispred u određenoj formi, to je grijeh i to je nepravednost. Između mnogo grijehova, nepravednost se naročito odnosi na djela mesa.

Naime, mržnja, ljutnja, ljubomora i drugo zlo u srcu su razumljiva kao djela svađa, borbe, kršenja zakona, huljenja ili ubistva. Biblija nam govori da ako činimo nepravednosti, teško je čak i biti spašen.

1. Korinćanima Poslanica 6:9-10 govori: „*Ili ne znate da nepravednici neće naslijediti carstvo Božje? Ne varajte se: ni kurvari, ni idolopoklonici, ni preljubočinci, ni adžuvani, ni muželožnici, ni lupeži, ni lakomci, ni pijanice, ni kavgadžije, ni hajduci, carstvo Božje neće naslijediti.*"

Ahan je jedan od ljudi koji je volio nepravednost koja je rezultirala kao njegovo uništenje. On je bio druga generacija Izlazka i još od djetinjstva je vidio i čuo stvari koje je Bog činio za njegove ljude. On je vidio stub od oblaka tokom dana i stub od vatre tokom noći koji ga je vodio. On je vidio poplavu rijeke Jordan koja je prestala da teče i grad Jerihon koji je pao u momentu. On je takođe veoma dobro znao o vođi Isusu koji je zapovijedio da niko ne smije da uzme ništa od stvari koje su bile u gradu Jerihonu, jer su to stvari ponuđene Bogu.

Ali u momentu kada je vidio stvari u gradu Jerihonu, on je izgubio svoje osjećaje zbog pohlepe. Nakon što je živio pust život u pustinji, stvari u gradu su izgledale prelijepo za njega. U momentu kada je vidio prelijepi kaput i parčad zlata i srebra, on je zaboravio na Riječ Božju i zapovijedanja Isusa i sakrio ih je za sebe.

Kroz ovaj grijeh Ahana, i kršenja zapovjesti Boga, Izrael je pretrpeo mnogo žrtava u sledećoj borbi. To je bilo zbog gubitaka u kojima je Ahanova nepravednost otkrivena i on i njegova porodica su bili kamenovani do smrti. Kamenje je načinilo gomilu i ovo mjesto je nazvano Ahanova dolina.

Takođe, pogledajte u Brojeve, poglavlje 22-24. Valam je bio čovjek koji je mogao da komunicira sa Bogom. Jednog dana, Valak, kralj Moaba ga je pitao da uputi ljude Izraela. Tako da, Bog reče Valamu: *„Ne idi s njima, niti kuni taj narod, jer je blagosloven“* (Brojevi 22:12).

Nakon što je čuo Riječ Božju Valam je odbio da odgovori na zahtjev Moabskog kralja. Ali kada je kralj poslao njemu zlato i srebro i mnogo dragocijenosti, njegove misli bile su uzdrmane. Na kraju, njegove oči su bile zaslijepljene blagom i naučio je kralja da postavi zamku ispred ljudi Izraela. Koji je bio rezultat? Sinovi Izraela jeli su hranu žrtvovanu idolima i činili preljube i time doneli sebi veliko stradanje a Valam je na kraju ubiven mačem. To je bio rezultat voljenja nepravednih dobitaka.

Nepravednost se direktno odnosi na spasenje u Božjim očima. Ako mi vidimo braću i sestre u vjeri da čine nepravednost baš kao nevjernici na ovoj zemlji, šta bi mi trebali da uradimo? Naravno mi treba da žalimo za njima, da se molimo za njih i da im pomognemo da žive u skladu sa Riječi. Ali neki vjernici zavide takvim ljudima misleći: „Ja takođe želim da vodim lakši i mnogo ugodniji hrišćanski život kao oni." Šta više, ako učestvujete sa njima, mi ne možemo da kažemo da vi volite Gospoda.

Isus, iako nevin, umro je da bi nas izbavio koji smo nepravedni za Boga (1. Petrova Poslanica 3:18). Kako mi razumijemo ovu veliku ljubav Gospoda, mi nikada ne treba da se radujemo nepravdi. Oni koji se ne raduju sa nepravednost ne izbjegavaju samo da praktikuju nepravednost, već aktivno žive po Riječi Božjoj. Onda, oni mogu da postanu prijatelji Gospoda i žive naprednim životom (Jevanđelje po Jovanu 15:14).

11. Ljubav se raduje u istini

Jovan, jedan od dvanaest učenika Isusa, bio je spašen od mučenja i živio je dok nije umro od starosti šireći jevanđelje Isusa Hrista i volje Božje mnogim ljudima. Jedna od stvari u kojima je on uživao u zadnjim godinama je da čuje da su vjernici pokušavali da žive po Riječi Božjoj, istini.

On je rekao: „*Obradovah se vrlo kad dođoše braća i posvjedočiše tvoju istinu, kako ti u istini živiš. Nemam veće radosti od ove da čujem moja djeca u istini da hode*" (3. Jovanova Poslanica 1:3-4).

Mi možemo da vidimo koliko je on imao radosti iz izraza: „Obradovao sam se." On je nekada imao preku narav čak je i nazvan sinom grmljavine kada je bio mlad, ali nakon što se promjenio on je nazvan apostolom ljubavi.

Ako mi volimo Boga, mi nećemo praktikovati nepravednost i šta više, mi ćemo praktikovati istinu. Mi ćemo se takođe radovati sa istinom. Istina se odnosi na Isusa Hrista, na jevanđelje i na svih 66 knjiga Biblije. Oni koji vole Boga i koji su voljeni od Njega će se svakako radovati sa Isusom Hristom i sa jevanđeljem. Oni se raduju kada se Božje kraljevstvo povećava. Sada šta se podrazumijeva sa radovanjem u istini?

Prvo, to je radovati se sa „jevanđeljem."

„Jevanđelje" je dobra vijest da smo spašeni kroz Isusa Hrista i da idemo u kraljevstvo nebesko. Mnogi ljudi traže istinu postavljajući pitanja kao: „Koja je životna namjera? Koja je vrijednost života?" Da bi dobili odgovore na ova pitanja, oni studiraju filozofske ideje, ili pokušavaju da dobiju odgovore kroz razne religije. Ali istina jeste Isus Hrist i niko ne može da ode na Nebo bez Isusa Hrista. Zbog toga je Isus rekao: *„Ja sam put i istina i život; niko neće doći k Ocu do kroza Me"* (Jevanđelje po Jovanu 14:6).

Mi dobijamo spasenje i dostižemo vječni život prihvatanjem Isusa Hrista. Nama je oprošteno od grijehova kroz krv Gospodovu i mi smo premješteni iz Pakla na Nebo. Mi sada razumijemo značenje života i živimo vrijedan život. Prema tome, to je nešto sasvim prirodno da se radujemo sa jevanđeljem. Oni koji se raduju sa jevanđeljem će vrlo marljivo prenijeti to takođe i drugima. Oni će ispuniti njihove Bogom dane dužnosti i vrlo predano će širiti jevanđelje. Takođe, oni se raduju kada duša čuje jevanđelje i dobije spasenje prihvatanjem Gospoda. Oni se raduju kada se Božje kraljevstvo povećava. *„[Bog] koji hoće da se svi ljudi spasu, i da dođu u poznanje istine"* (1. Poslanica Timotiju 2:4).

Postoje neki vjernici, međutim, koji su ljubomorni na druge kada evangelizuju mnoge ljude i beru dobro voće. Takve crkve su ljubomorne na druge crkve kada se druge crkve šire u davanju slave Bogu. Ovo nije radovati se sa istinom. Ako mi imamo duhovnu ljubav u srcu, mi ćemo se radovati kada vidimo da se kraljevstvo Božje uveliko ispunjava. Mi ćemo se radovati zajedno kada vidimo crkvu koja se širi i voljena je od Boga. Ovo je radovati se sa istinom, što je radovati se sa jevanđeljem.

Drugo, radovati se sa istinom znači radovati se sa svim što pripada istini.

To je radovati se kada vidimo, čujemo i radimo stvari koje pripadaju istini kao što su dobrota, ljubav i pravda. Oni koji se raduju sa istinom su dirnuti i liju suze kada čuju čak i mala djela. Oni priznaju da je Riječ Božja istina i da je slađa od meda iz košnica. Tako da, oni se raduju slušajući ceremonije i čitajući Bibliju. Šta više, oni se raduju u praktikovanju Riječi Božje. Oni se radosno povinuju Riječi Božjoj koja nam govori da „služimo, razumijemo i da oprostimo" čak i onima koji ih uznemiravaju.

David je volio Boga i on je želio da izgradi Hram Božji. Ali Bog mu nije dozvolio. Razlog je zapisan u 1. Knjizi Dnevnika 28:3: *„Nećeš sazidati dom imenu Mom, jer si ratnik i krv si prolivao."* Bilo je neminovno Davidu da proliju krv jer je bio u mnogim ratovima ali u Božjim očima Dejvid nije smatran prikladnim za taj zadatak.

David nije mogao da izgradi sam Hram ali je pripremio sav materijal za konstrukciju tako da je njegov sin Solomon mogao da ga podigne. David je pripremio materijal svom svojom snagom i samim time što je to radio činilo ga je nemoguće srećnim. *„I radovaše se narod što dragovoljno prilagahu, jer prilagahu cijelim srcem Gospodu; i car se David radovaše veoma"* (1. Knjiga Dnevnika 29:9).

Slično ovome, oni koji se raduju sa istinom će se radovati kada drugim ljudima ide dobro. Oni nisu ljubomorni. Nezamislivo je za njih da misle zle stvari kao što su: „nešto treba loše da krene po tu osobu," ili da nađu zadovoljstvo zato što su drugi ljudi nesretni. Kada oni vide da se nešto nepravedno dešava, oni će žaliti zbog toga. Takođe, oni koji se raduju sa istinom mogu da vole sa dobrotom, sa ne promjenjenim srcem, istinitošću i čestitošću. Oni se raduju sa dobrim riječima i dobrim djelima. Bog se takođe raduje sa njima veseleći se kao što je zapisano u Sofoniji 3:17: *„GOSPOD Bog tvoj, koji je usred tebe, silni, spašće te. Radovaće ti se veoma, umiriće se u ljubavi svojoj, veseliće se tebe radi pevajući.“*

Čak iako vi ne možete da se radujete sve vrijeme vi ne morate da izgubite srce ili da budete razočarani. Ako date najbolje od sebe, Bog ljubavi će prihvatiti čak i taj napor kao „radovanje u istini."

Treće, radovati se istini je vjerovati u Riječ Božju i pokušati da je praktikujete.

Rijetkost je naći osobu koja može da se raduje samo sa istinom od početka. Sve dok imamo tamu i neistinu u nama, mi ćemo možda misliti o zlim stvarima ili ćemo se radovati takođe u nepravednosti. Ali ako se mijenjamo malo po malo i odbacimo svu neistinu u srcu, mi možemo da se radujemo u istini potpuno. Sve do tada, mi treba da se naporno trudimo.

Na primjer, ne osjeća svako radost kada posjećuje službe bogosluženja. U slučaju novih vjernika ili onih sa slabom vjerom, oni će se možda osjećati umorno ili će njihova srca biti na nekom drugom mjestu. Oni će se možda razmišljati o rezultatu košarkaške utakmice ili možda će biti nervozni zbog poslovnog sastanka koji treba sutra da imaju.

Ali želja za dolaskom u hram da bi bili na službi bogosluženja je napor da pokušamo da se povinujemo Riječi Božjoj. To je radovati se sa istinom. Zašto mi moramo da pokušamo na ovaj način? To je da bi bili spašeni i da bi otišli na Nebo. Zato što smo čuli Riječ istine i vjerujemo u Boga, mi takođe vjerujemo da postoji sud i da postoji Nebo i Pakao. Zato što znamo da tamo postoje različite nagrade na Nebu, mi ćemo pokušati mnogo revnosnije da postanemo posvećeniji i da radimo predano u cijeloj Božjoj kući. Iako se ne radujemo sa istinom 100%, ako damo sve od sebe u našoj mjeri vjere, to je već radovanje sa istinom.

Glad i žeđ za istinom

Biće to tako prirodno za nas da se radujemo sa istinom. Samo istina nam daje vječni život i može da nas potpuno promjeni. Ako mi čujemo istinu naime jevanđelje, i praktikujemo ga, mi ćemo dostići vječni život i mi ćemo postati Božje iskreno dijete. Zato što smo ispunjeni sa nadom za nebeskim kraljevstvom i duhovnom ljubavi, naša lica će uvijek sijati radosno. Takođe, do mjere da smo se promjenili u istini, mi ćemo biti srećni zato što smo voljeni i blagosloveni od Boga, takođe smo i voljeni od mnogih ljudi.

Mi treba da se radujemo sa istinom sve vrijeme, i šta više, mi treba da imamo glad i žeđ za istinom. Ako ste gladni i žedni, vi ćete iskreno željeti hranu i piće. Kada mi žudimo za istinom, mi treba da žudimo za njom iskreno kako bi mogli brzo da se promjenimo u čovjeka od istine. Mi treba da živimo život u kome uvijek jedemo i pijemo istinu. Šta je jesti i piti istinu? To je održavati Riječ Božju istinu u našem srcu i praktikovati je.

Ako stanemo ispred nekoga koga volimo toliko mnogo, teško će biti da sakrijemo radost na našim licima. To je isto i kada volimo Boga. Odmah sada, mi nismo u mogućnosti da stanemo ispred Boga licem u lice, ali ako mi iskreno volimo Boga, to će se vidjeti sa spolja. To je, ako mi samo vidimo ili čujemo nešto u vezi istine, nama će biti drago i obradovaćemo se. Naša srećna lica neće biti neprimjećena od ljudi iz naše okoline. Mi ćemo liti suze zahvalni i mislićemo na Boga i Gospoda i naša srca će biti dirnuta malo po malo sa djelima i dobrotom.

Suze koje pripadaju dobroti, kao što su suze zahvalnice i suze žalosti za drugim dušama biće lijepi dragulji koji će kasnije ukrašavati kuće na Nebu. Dozvolite nam da se radujemo sa istinom kako bi naši životi bili prepuni dokaza da smo bili voljeni od Boga.

Osobine duhovne ljubavi II

6. Ona ne djeluje nepristojno
7. Ona ne traži svoje
8. Ona se ne srdi
9. Ona ne misli na zlo
10. Ona se ne raduje nepravdi
11. Ona se raduje istini

12. Ljubav se nosi sa svim

Kako mi prihvatamo Isusa Hrista i pokušavamo da živimo po Riječi Božjoj, postojaće mnogo toga sa čim ćemo morati da se nosimo. Mi moramo da se nosimo sa provokativnim situacijama. Mi takođe treba da vežbamo samokontrolu nad našom sklonošću da pratimo sopstvene želje. Zbog toga je opisano u glavnim osobinama ljubavi i rečeno da budemo strpljivi.

Biti strpljiv je u vezi borbe nad samim sobom gde osoba iskušavana u pokušaju da odbaci neistinu u srcu. „Nositi se sa svim" ima široko značenje. Nakon što mi kultivišemo istinu u našim srcima kroz strpljenje, mi moramo da se nosimo sa bolovima koji mogu da nam se nađu na putu zbog drugih ljudi. Konkretno to je nositi se sa svim što nije u skladu sa duhovnom ljubavlju.

Isus je došao na zemlju da spase griješnike i kako su se ljudi ophodili prema njemu? On je činio samo dobre stvari, i ipak su ga ljudi ismijavali, odbacivali i gledali Ga sa ne poštovanjem. Na kraju su Ga razapeli. Isus je ipak izdržao sve ovo od svih ljudi i On je prineo gore neprestane molitve za njih. On se molio za njih, govoreći: *„Oče, oprosti im; jer oni ne znadu šta čine"* (Jevanđelje po Luki 23:34).

Koji je bio rezultat Isusovog nošenja sa svim i voljenja ljudi? Svako ko prihvati Isusa kao svog ličnog Spasitelja može sada da primi spasenje i da postane Božje dijete. Mi smo oslobođeni od smrti i premješteni smo u vječni život.

Korejanska izreka kaže. „Sameljite sekiru da napravite iglu." To znači da sa strpljivošću i istrajnošću mi možemo da ispunimo svaku vrstu teškog zadatka. Koliko mnogo vremena i snage će nam biti potrebno da sameljemo sekiru da bi napravili oštru iglu? To odista izgleda kao nemogući zadatak da će neko reči: „Zašto ne prodaš sekiru i kupiš iglu?“

Ali Bog je samovoljno preuzeo takav napor, jer je On gospodar našeg duha. Bog je spor sa ljutnjom i uvijek istraje sa nama pokazujući nam milost i druželjubivost samo zato što nas On voli. On nas održava i polira ljude čak iako su njihova srca čvrsta poput sekire. On čeka na svakoga da postane Njegovo iskreno dijete, čak iako ne izgleda da ima bilo koju šansu da postane jedno od njih.

> *Trsku stučenu neće prelomiti i svještilo zapaljeno neće ugasiti dok pravda ne održi pobjedu* (Jevanđelje po Mateju 12:20).

Čak i danas Bog podnosi sve bolove koji dolaze kada vidi ljudska djela i čeka nas sa radosti. On je bio strpljiv sa ljudima, čeka na njih da se promjene u dobroti čak iako su radili zlo hiljadu godina. Čak iako su okrenuli leđa Bogu i služili idolima, Bog je pokazao njima da je On iskren Bog i traje sa njima u vjeri. Ako Bog kaže: „Ti si pun nepravednosti i ti si bespomoćan. Ja ne mogu ovo više da trpim,“ onda, koliko mnogo ljudi će biti spašeno?

Baš kao što je navedeno u Jeremiji 31:3: *„Ljubim te ljubavlju vječnom, zato ti jednako činim milost;“* Bog nas vodi sa ovom trajnom, beskonačnom ljubavi.

Tokom mog službovanja kao pastor velike crkve, ja sam mogao da razumijem ovu strpljivost Boga do neke mjere. Postojalo je mnogo ljudi koji su imali mnogo rđavih i negativnih pojava ali osjećajući srce Boga ja sam uvijek gledao na njih sa očima vjere da će se oni jednog dana promjeniti i da će dati slavu Bogu. Kako sam ja bio strpljiv sa njima sa vremenom i ponovo sa vjerom u njih, mnogi crkveni članovi su izrasli u dobre vođe.

Svaki put ja sam zaboravljao o vremenu u kojem sa istrajao sa njima i osjećao sam da to kratko traje. U 2. Petrovoj Poslanici 3:8 je zapisano: *„Ali ovo jedno da vam ne bude nepoznato, ljubazni, da je jedan dan pred Gospodom kao hiljadu godina, i hiljadu godina kao jedan dan"* i ja mogu da razumijem šta je ovaj stih značio. Bog će izdržati u svim stvarima toliko mnogo vremena i ipak i On smatra to vrijeme daje osećaj momenta. Dozvolite nam da razumijemo ovu ljubav Boga i sa njom nam dozvolite da volimo sve okolo nas.

13. Ljubav vjeruje u sve

Ako vi zaista volite nekoga, vi ćete vjerovati sve od te osobe. Čak iako druga osoba ima neke nedostatke, vi ćete i dalje pokušavati da vjerujete toj osobi. Muž i žena su spojeni zajedno u ljubavi. Ako vjenčani par nema ljubavi, to znači da oni ne vjeruju jedno drugome, tako da se će se oni raspravljati u vezi svake sitnice i imaće sumnje u svakom pogledu u odnosu na supružnika. U ozbiljnim slučajevima oni imaju zablude o nevjerstvu i uzrokuju jedan drugome fizički i mentalni bol. Ako oni iskreno vole jedan drugog oni u potpunosti vjeruju jedno drugom i oni će vjerovati da je njihov supružnik dobra osoba i radiće na kraju sve dobro. Onda, kako su oni vjerovali, njihov supružnik će postati odličan u svojoj oblasti ili uspješan u onome što radi.

Povjerenje i vjera mogu da budu standard po kome se mjeri jačina ljubavi. Prema tome, vjerovati u Boga u potpunosti je voljeti Njega u potpunosti. Avram, otac vjere, je bio nazvan prijateljem Božjim. Bez ikakvog ustezanja Avram se povinovao zapovjestima Božjim koji mu je rekao da napravi žrtvu paljenicu od svog jedinog sina Isaka. On je bio sposoban da to učini zato što je u potpunosti vjerovao Bogu. Bog je vidio vjeru Avrama i prepoznao je njegovu ljubav.

Voljeti je vjerovati. Oni koji u potpunosti vole Boga će Njemu vjerovati u potpunosti. Oni vjeruju svim riječima Božjim 100%. I zato što vjeruju svim stvarima oni će se nositi sa svim stvarima. Da bi podnjeli sve stvari koje su protiv ljubavi, mi moramo da vjerujemo. Naime, samo kada vjerujemo svim riječima Božjim, mi možemo da se nadamo svemu i da preobratimo naša srca da bi odbacili sve što je protivno ljubavi.

Naravno, u mnogo užem smislu, to nije da smo vjerovali u Boga zato što smo Njega voljeli od samog početka. Bog je najprije volio nas, i vjerujući u tu činjenicu, mi volimo Boga. Kako je Bog voleo nas? On je darežljivo dao Njegovog prvorođenog Sina za nas, koji smo griješnici da bi otvorio put spasenja.

Najprije, mi smo zavoljeli Boga vjerujući u ovu činjenicu, ali ako kultivišemo ljubav u potpunosti, mi ćemo dostignuti nivo u kome vjerujemo zato što volimo. Kultivisati u potpunosti duhovnu ljubav znači da smo mi već odbacili svu neistinu u srcu. Ako nemamo nimalo neistine u srcima, nama će biti data duhovna vjera od gore, sa kojom mi možemo da vjerujemo iz dubine naših srca. Onda, mi nikada nećemo sumnjati u Riječ Božju i naše vjerovanje u Boga nikada ne može biti uzdrmano. Takođe, ako kultivišemo duhovnu ljubav u potpunosti, mi ćemo vjerovati svakome. To nije zato što su ljudi vrijedni povjerenja, ali čak iako su oni puni nepravednosti i imaju mnogo nedostataka, mi ćemo gledati na njih sa očima vjere.

Mi ćemo biti voljni da vjerujemo u svaku vrstu osobe. Mi takođe treba da vjerujemo i u sebe. Čak iako mi imamo mnogo nedostataka, mi treba da vjerujemo u Boga koji će nas promjeniti i mi treba da pogledamo u sebe sa očima vjere koje će nas same uskoro promijeniti. Sveti Duh nam uvijek govori u našim srcima: „Ti to možeš. Ja ću ti pomoći." Ako vi vjerujete u ovu ljubav i priznate: „Ja mogu da uradim dobro, i ja mogu da se promijenim," onda će to Bog ispuniti u skladu sa vašim priznanjem u vjeri. Koliko je prelijepo vjerovati!

Bog takođe vjeruje u nas. On je vjerovao da će svako od nas

spoznati ljubav Božju i da će doći do puta spasenja. Zato što je On pogledao na nas sa očima vjere On je darežljivo žrtvovao Njegovog jednorođenog Sina na krstu. Bog vjeruje da čak i oni koji ne znaju ili još ne vjeruju u Boga da će biti spašeni i da će preći na stranu Boga. On vjeruje da oni koji su već prihvatili Gospoda će se promijeniti u onu vrstu djece koja liče na Boga veoma mnogo. Hajde da vjerujemo u svaku vrstu osobe sa ovom Božjom ljubavlju.

14. Ljubav se nada svemu

Sledećim redosledom reči je zapisano na jednom spomeniku u Vestministerskoj (Westminster) opatiji u Ujedinjenom Kraljevstvu: „Tokom moje mladosti hteo sam da promjenim svijet, ali nisam mogao. Pokušao sam da promjenim moju porodicu, ali nisam mogao. Samo tek pred smrt ja sam shvatio da sam mogao da promjenim sve te stvari samo da sam se ja promjenio."

Obično, ljudi pokušavaju da promjene neku osobu kada im se nešto ne dopada kod te osobe. Ali skore je nemoguće da promjene druge ljude. Neki vjenčani parovi se svađaju oko nekih nebitnih stvari kao što je istiskivanje paste za zube od vrha ili od donjeg kraja. Mi prvo treba da promjenimo sebe prije nego što pokušamo da promjenimo druge. I onda sa ljubavi prema njima, mi možemo da čekamo da se drugi promjene, sa iskrenom nadom da će se oni promjeniti.

Nadati se svim stvarima je žudnja i čekanje da sve što ste vjerovali dolazi do istine. Naime, ako mi volimo Boga, mi ćemo vjerovati u svaku Riječ Božju i nadaćemo se da će sve biti učinjeni u skladu sa Njegovom Riječi. Vi se nadate za dane kada ćete podijeliti ljubav sa Bogom Ocem zauvijek u prelijepom nebeskom kraljevstvu. Zbog toga vi ćete istrajati u svim stvarima da bi trčali u trci vjere. Ali, šta ako ne postoji nada?

Oni koji ne vjeruju u Boga ne mogu da imaju nadu za nebeskim kraljevstvom. Zbog toga će oni živjeti samo u skladu sa svojim željama jer nemaju nade za budućnost. Oni će pokušati da skupe više stvari i da se bore kako bi ispunili njihovu pohlepu. Ali bez obzira koliko oni imaju i uživaju oni ne mogu da steknu pravo zadovoljstvo. Oni žive njihov život sa strahom za budućnost.

Sa druge strane, oni koji vjeruju u Boga, nadaju se svim stvarima, tako da će oni ići težim putem. Zašto mi kažemo da je to lakši put? To znači da je teži u očima onih koji ne vjeruju u Boga.. Kako mi prihvatimo Isusa Hrista i postanemo Božje dijete, mi stojimo u crkvi cio dan u nedelju i prisustvujemo službama bogosluženja, bez da uzimamo neka svjetska zadovoljstva. Mi radimo za Božje kraljevstvo volonterskim radom i molimo se da živimo po Riječi Božjoj. Takve stvari je teško uraditi bez vjere i zato se kaže da je to lakši put.

U 1. Poslanici Korinćanima 15:19 Apostol Pavle govori: *„I ako se samo u ovom životu uzdamo u Hrista, najnesrećniji smo od svih ljudi.* " Samo iz tjelesnog aspekta, život podnošenja i težak rad se čine teškim. Ali ako se nadamo svim stvarima, ovaj put je srećniji put od bilo kog drugog puta. Ako smo sa onima koje volimo veoma mnogo, mi ćemo biti srećni čak i u nekoj trošnoj kući. I misleći na činjenicu da ćemo živjeti sa dragim Gospodom zauvijek na Nebu, koliko srećni ćemo biti! Mi smo uzbuđeni i srećni samo dok mislimo o tome. Na ovaj način, sa iskrenom ljubavi mi nepromijenjenog mišljenja čekamo i nadamo se sve dok se sve ono u šta vjerujemo ne ispuni.

Radujemo se svemu što je sa vjerom moćno. Na primjer, recimo da jedno od vaše djece ide pogrešnim putem i ni malo ne uči. Čak i ovo dijete ako vjerujete u njega i kažete da može to da uradi, i gledate ga sa očima vjere da će se promijeniti, ono može da se promjeni u dobro dijete u bilo koje vrijeme. Vjera roditelja u djecu će stimulisati dokaz i samopouzdanje djeteta. Ona djeca koja imaju samopouzdanje imaju vjeru da mogu da urade sve; ona će moći da prevaziđu poteškoće i takve osobine zaista utiču na njihov akademski uspjeh.

To je isto i kada brinemo o dušama u crkvi. U svakom slučaju, mi ne smijemo iznosimo zaključke o nekoj osobi. Mi ne treba da budemo obeshrabreni misleći: „Čini se veoma teškim za tu osobu da će se promjeniti," ili „ona je i dalje ista." Mi treba da gledamo na svakoga sa očima nade kako bi oni mogli da se uskoro promjene i da se istope od ljubavi Božje. Mi treba da nastavimo da se molimo za njih i da ih ohrabrujemo govoreći im i vjerujući: „Ti to možeš da uradiš!"

15. Ljubav trpi sve

1. Poslanica Korinćanima 13:7 govori: *„[Ljubav]sve snosi, sve vjeruje, svemu se nada, sve trpi.“* Ako volite vi možete da istrpite u svim stvarima. Onda, šta to znači „istrpjeti?“ Kada istrajemo u stvarima koje nisu u skladu sa ljubavi, postojaće neke posledice zbog toga. Kada postoji vjetar na jezeru ili moru, postojaće i talasi. Čak i kada se vjetar smiri, postojaće ipak neki valovi. Čak i kada istrajemo u svim stvarima, one se neće samo završiti ako se nosimo sa njima. Tu će postojati neke posledice ili rezultati zbog toga.

Na primjer, Isus je rekao u jevanđelju po Mateju 5:39: *„A ja vam kažem da se ne branite oda zla, nego ako te ko udari po desnom tvom obrazu, obrni mu i drugi.“* Kao što je rečeno, čak i kada vas neko ošamari po desnom obrazu, vi nećete uzvratiti već ćete u tome istrajati. Onda, da li je sve gotovo? Ovdje će biti nekih posledica zbog toga. Vi ćete imati bol. Vaš obraz će vas boljeti, ali bol koji je u vašem srcu je mnogo veći bol. Naravno, ljudi imaju različite razloge u iskustvu bola u srcu. Neki ljudi imaju bol u srcu zato što oni misle da su ošamareni bez ikakvog razloga i onda su ljuti zbog toga. Ali drugi imaju bol u srcu zato što im je žao što su načinili tu osobu ljutom. Neki će se osećati žalosno kada vide brata da ne može da zadrži svoj stav, ali to izražava radije na fizički nego na mnogo konstruktivniji i pravilniji način.

Posledice nečega mogu doći od puta spoljašnjih okolnosti Na primjer, neko vas ošamari po desnom obrazu. Tako da vi ćete okrenuti i drugi u skladu sa Riječi. Onda, on vas udara takođe i u lijevi. Vi izdržavate u tome prateći Riječ, ali situacija se proširila i čini se da se u stvarnosti i pogoršala.

Ovo je bio slučaj sa Davidom. On nije nalazio kompromis znajući da će biti bačen u lavlji kavez. Zato što je volio Boga, on nije prestajao da se moli čak i u životno opasnim situacijama. Takođe, on nije činio zlo prema onima koji su željeli da ga ubiju. Tako da, da li je njemu u svemu išlo na bolje pošto je istrajao u skladu sa Riječi Božjom? Ne. On je bio bačen u lavlji kavez!

Mi ćemo možda misliti da će svi testovi nestati ako se nosimo sa stvarima koje nisu u skladu sa ljubavi. Onda, koji je razlog zašto nas testovi i dalje prate? To je proviđenje Božje da bi nas načinilo savršenim i da bi dobili nevjerovatne blagoslove. Polja će imati zdravu i jakužetvu noseći se sa kišom, vetrom I jakim suncem. Proviđenje Božje je takvo da mi dolazimo ispred kao iskrena djeca Božja kroz iskušenja.

Iskušenja i blagoslovi

Neprijatelj đavo i Sotona uznemiravaju živote Božje djece kada pokušavamo da živimo u Svjetlosti. Sotona uvijek pokušava da nađe sve moguće osnove da bi optužio ljude, i ako oni pokažu i malu mrlju, Sotona će ih zaista optužiti. Primjer je kada neko radi sa zlobom protiv vas i vi se nosite sa tim od spolja a li ipak imate bolesne osjećaje iznutra. Neprijatelj đavo i Sotona znaju to i donose optužbe protiv vas zbog ovih osjećanja. Onda, Bog mora da dozvoli sud u skladu sa optužbama. Sve dok ne priznamo da nemamo zlo u srcu, postojaće testovi koji su nazvani: „testovi pročišćavanja." Naravno, čak i nakon što mi odbacimo sve grijehove i postanemo potpuno posvećeni, mogu postojati sudovi.

Ova vrsta suda je dozvoljena da bi dobili veće blagoslove. Kroz ovo, mi ne ostajemo samo na nivou u kome nemamo ni malo zla ali ćemo i kultivisati veću ljubav i mnogo savršeniju dobrotu jer nemamo ni mrlju srama.

To nije samo za lične blagoslove; isti princip se dešava i kada pokušavamo da ispunimo kraljevstvo Božje. Da bi Bog pokazao velika djela, mjera na skali pravde treba da se sretne. Pokazivanjem velike vjere i djela ljubavi, mi treba da dokažemo da imamo bokal da bi dobili odgovore, tako da neprijatelj đavo to ne može da opovrgne.

Tako da, Bog ponekad nama dozvoljava testove. Ako mi istrajemo samo sa dobrotom i ljubavi, Bog nam dozvoljava da slavu dajemo Njemu još više sa većom pobjedom i On nam daje veće nagrade. Naročito, ako vi prevaziđete osude i nevolje koje ste dobili za milost Gospoda, vi ćete odista dobiti veće nagrade. *„Blago vama ako vas uzasramote i usprogone i kažu na vas svakojake rđave riječi lažući, Mene radi. Radujte se i veselite se, jer je velika plata vaša na Nebesima, jer su tako progonili proroke prije vas“* (Jevanđelje po Mateju 5:11-12).

Trpeti, vjerovati, nadati se i izdržati u svim stvarima

Ako vi vjerujete u sve stvari sa ljubavi, vi možete da prevaziđete svaku vrstu testa. Onda, koliko naročito ćemo moći da vjerujemo, nadamo se i istrajemo u svim stvarima?

Prvo, mi moramo da vjerujemo u ljubav Božju sve do kraja,

čak i za vreme iskušenja.

1. Petrova Poslanica 1:7 govori: *„...da se kušanje vaše vjere mnogo vrednije od zlata propadljivog koje se kuša ognjem nađe na hvalu i čast i slavu, kad se pokaže Isus Hristos.*" On nas oplemenjuje tako da bi mi imali kvalifikacije i da bi mogli da uživamo u hvali i slavi i počasti kada seš život ovde na zemlji završi.

Takođe, ako mi živimo u skladu sa Riječi Božjom u potpunosti ne kompromitujući se sa svijetom, mi ćemo možda imati neke prilike gdje možemo da sesretnemo sa nepravednom patnjom. Svaki put, mi treba da vjerujemo da smo dobili posebnu ljubav Boga. Onda, radije nego da budemo obeshrabreni, mi ćemo biti zahvalni zato što nas Bog vodi ka boljem mjestu boravka na Nebu. Takođe, mi treba da vjerujemo u ljubav Božju i treba da vjerujemo sve do kraja. Može postojati neka patnja u iskušavanju vjere.

Ako je bol velika i nastavlja se duže vrijeme, mi ćemo možda misliti: „Zašto mi Bog ne pomogne? Zar me On ne voli više?" Ali u tim vremenima, mi treba da se sjetimo ljubavi Božje mnogo jasnije i da istrajemo u iskušenjima. Mi treba da vjerujemo da Bog Otac želi da nas povede do ljepšeg mjesta boravka zato što nas On voli. Ako mi istrajemo do kraja, mi ćemo na kraju postati savršeno dijete Božje. *„A trpljenje neka djelo dovršuje, da budete savršeni i cijeli bez ikakve mane*" (Jakovljeva Poslanica 1:4).

Drugo, istrajati u svim stvarima je imati vjerovanje da su iskušenja prečice da bi se ispunilo naše nadanje.

Poslanica Rimljanima 5:3-4 govori: *„Ne samo, pak, to nego*

se hvalimo i nevoljama, znajući da nevolja trpljenje gradi; A trpljenje iskustvo, a iskustvo nadanje;" Nevolje su ovde kao prečice da bi se ispunilo naše nadanje. Vi ćete možda misliti: „Oh, kada ja mogu da se promijenim?" ali ako vi istrajete i nastavite da se mijenjate ponovo i ponovo, onda malo po malo vi ćete na kraju postati iskreno i savršeno Božje dijete koje liči na Njega.

Prema tome, kada iskušenja dođu, vi ne treba da ih izbjegnete već da ih prođete sa najvećom snagom. Naravno, to je zakon prirode i prirodna želja za čovjeka odabere sam lakši put. Ali ako mi pokušamo da pobjegnemo od ovih iskušenja, naše putovanje će biti samo duže. Na primjer, postoji osoba koja konstantno i u svakom pogledu nastoji da vam zadaje probleme. Vi ne pokazujete otvoreno sa spolja, ali osjećate se veoma neugodno kada sretnete tu osobu. Tako da, vi samo želite da je izbjegnete. U ovoj situaciji, vi ne treba da pokušavate da ignorišete situaciju, već treba veoma aktivno da je prevaziđete. Vi treba da istrajete sa naporima koje imate za njega i da kultivišete srce da bi iskreno mogli da razumijete i da oprostite takvoj osobi. Onda, Bog će vam dati još veću milost i vi ćete se promjeniti. Slično tome, svaka od iskušenja će postati kamen po kome može da se gazi i prečica na vašem putu u ispunjavanju vaših nada.

Treće, istrajati u svim stvarima, je imati samo dobrotu.

Kada se suoče sa posledicama, čak i kada istraju u svim stvarima u skladu sa Riječi Božjom, obično se ljudi žale protiv Boga. Oni se žale govoreći: „Zašto se situacija ne mijenja kada radim po Riječi?" Sva iskušenja u vjeri su dovedena od neprijatelja đavola i Sotone. Naime, testovi i iskušenja su borba između dobrog i zla.

Da bi pobjedili u bitci u ovoj duhovnoj borbi, mi moramo da se borimo u skladu sa pravilima duhovnog kraljevstva. Zakon duhovnog kraljevstva je da dobrota na kraju pobjeđuje. Poslanica Rimljanima 12:21 govori: „*Ne daj se zlu nadvladati, nego nadvladaj zlo dobrim.*" Ako mi činimo sa dobrotom na ovaj način, čini se da smo se suočili sa gubitkom i da smo izgubili u jednom trenutku ali u stvari suprotno je od toga. To je zato što pravedni i dobri Bog kontroliše sreću, nesreću i život i smrt ljudskog roda. Prema tome, kada smo suočeni sa testovima, iskušenjima i osuđivanjima mi treba da radimo samo u dobroti.

U istim slučajevima postoje vjernici koji se suočavaju sa osuđivanjima od svojih nevjernih članova porodice. U ovakvim slučajevima, vjernici će možda misliti: „Zašto je moj muž tako zao? Zašto je moja žena tako zlobna?" Ali onda, test će postati još veći i duži. Šta je dobrota u ovoj vrsti situacije? Vi treba da se molite i da služite njima u Gospodu. Vi treba da postanete svjetlost koja sija tako sjajno nad vašom porodicom.

Ako se vi samo dobro ponašate prema njima, Bog će uraditi Njegova djela u najprikladnije vrijeme. On će izbaviti napolje neprijatelja đavola i Sotonu i dotaći će takođe srca članova vaše porodice. Svi problemi će biti riješeni kada radite u dobroti u skladu sa pravilima Božjim. Najmoćnije oružje u duhovnoj borbi nije u moći i mudrosti čovjeka već u dobroti Božjoj. Prema tome, dozvolite nam da istrajemo samo u dobroti i da radimo dobre stvari.

Postoji li neko u vašoj okolini za koga mislite da je teško da ostanete blizu i teško da istrajete? Neki ljudi čine greške sve vrijeme, uzrokuju štetu i otežavaju drugima. Neki se žale mnogo i čak i postaju mrzovoljni u malim stvarima. Ali ako vi kultivišete iskrenu ljubav u vama, neće postojati niko sa kime vi ne možete istrajati. To je zato što ćete vi voljeti druge kao što volite sebe, baš kao što nam je Isus rekao da volimo naše komšije kao sebe same (Jevanđelje po Mateju 22:39).

Bog Otac takođe razumije nas i istraje na ovaj način sa nama. Sve dok ne kultivišete ovu ljubav u vama, vi treba da živite kao biserna školjka. Kada strano tijelo poput pijeska, morske trave ili čestica ljuske počinje da ulazi između njenog oklopa i njenog tijela, biserna školjka to mijenja u dragocijeni biser! Na ovaj način, ako mi kultivišemo duhovnu ljubav, mi ćemo proći kroz bisernu kapiju i ući ćemo u Novi Jerusalim gdje je Božji prijesto smješten.

Zamislite samo vrijeme kada ćete prolaziti kroz bisernu kapiju i kada se sjetite vaše prošlosti na zemlji. Vi bi trebali da možete da priznate Ocu Bogu: „Hvala Ti što istraješ, vjeruješ, nadaš se i traješ u svim stvarima zbog mene," jer On će oblikovati naša srca u prelijepe bisere.

Osobine duhovne ljubavi III

12. Ona se nosi sa svim
13. Ona vjeruje u sve
14. Ona se nada u svemu
15. Ona trpi sve

Savršena ljubav

„Ljubav nikad ne prestaje, a proroštvo ako će i prestati,
jezici ako će umuknuti, razuma ako će nestati.
Jer nešto znamo i nešto prorokujemo; a kad dođe savršeno,
onda će prestati šta je nešto.
Kad ja bijah malo dijete kao dijete govorah, kao dijete mišljah,
kao dijete razmišljah; a kad postadoh čovjek, odbacih djetinjstvo.
Tako sad vidimo kao kroz staklo, u zagonetki,
a onda ćemo licem k licu; sad poznajem nešto,
a onda ću poznati kao što sam poznat.
A sad ostaje vjera, nada, ljubav, ovo troje;
ali je ljubav najveća među njima.“

1. Poslanica Korinćanima 13:8-13

Kada odlazite na Nebo, ako možete da ponesete jednu stvar sa vama, šta biste željeli da ponesete? Zlato? Dijamant? Novac? Sve ove stvari su bezvrijedne na Nebu. Na Nebu, putevi po kojima ćete gaziti su od čistog zlata. Ono što je Bog Otac pripremio u nebeskim mjestima boravka je tako lijepo i dragocijeno. Bog razumije naša srca i priprema najbolje stvari svom Njegovom snagom. Ali postoji jedna stvar koju možemo da ponesemo sa ove zemlje i koja će takođe na Nebu biti veoma vrijedna. To je ljubav. Ljubav je ta koja je kultivisana u našim srcima dok smo živjeli na ovoj zemlji.

Ljubav nam je potrebna takođe i na Nebu

Kada se ljudska kultivacija završi i kada mi odemo u nebesko kraljevstvo, sve stvari na ovoj zemlji će nestati (Otkrivenje Jovanovo 21:1). Psalmi 103:15 govore: „*Dani su čovječiji kao trava; kao cvijet u polju, tako cvijeta.*“ Čak i nedodirljive stvari kao što su raskoš, bogatstvo i vlast će takođe nestati. Svi grijehovi i tama kao što su mržnja, svađe, ljutnja i ljubomora će nestati.

Ali 1. Poslanica Korinćanima 13:8-10 kaže „*Ljubav nikad ne prestaje, a proroštvo ako će i prestati, jezici ako će umuknuti, razuma ako će nestati. Jer nešto znamo i nešto prorokujemo; A kad dođe savršeno, onda će prestati šta je nešto.*“

Dar proroštva, govor jezicima i znanje u Bogu su sve duhovne stvari, tako da što će one nestati? Nebo je duhovno kraljevstvo i savršeno mjesto. Na Nebu, nama će sve postati mnogo jasnije. Čak iako mi komuniciramo sa Bogom jasno i prorokujemo, to je mnogo drugačije od razumijevanja svega u nebeskom kraljevstvu u budućnosti. Onda, mi ćemo jasno razumijeti srce Boga Oca i Gospoda, tako da prorokovanje neće više biti potrebno.

To je isto i sa jezicima. Ovde, „jezici" se odnose na različite jezike. Sada, mi imamo mnogo različitih vrsta jezika ovde na zemlji, stoga ako hoćemo da govorimo sa drugima koji govore različitim jezikom mi najprije treba da naučimo njihov jezik. Kroz kulturne razlike, nama je potrebno mnogo vremena i napora da podjelimo srce i misli. Čak ako i govorimo istim jezikom, mi ne možemo da razumijemo druga ljudska srca i misli u potpunosti. Čak iako govorimo tečno i razrađeno, nije lako da iznesemo naša srca i misli 100% Zbog riječi, mi ćemo možda imati nerazumijevanje i rasprave. Postoje takođe i mnogo grešaka u riječima.

Ali ako mi odemo na Nebo, mi nećemo morati da imamo briga o ovim stvarima. Postoji samo jedan jezik na Nebu. Tako da, nema potrebe za brigom o ničemu što drugi ne razumiju. Zato što je dobro srce izraženo kao što jeste, tamo ne može postojati nerazumijevanje ili predrasude.

To je isto i sa znanjem. Ovdje „znanje se odnosi na znanje Riječi Božje." Kada mi živimo na ovoj zemlji mi revnosno učimo Riječ Božju. Kroz 66 knjiga Biblije, mi učimo kako možemo da budemo spašeni i da dostignemo vječni život. Mi učimo o volji Božjoj, ali to je samo jedan dio Božje volje, što je samo ono što treba da učinimo da bi otišli na Nebo.

Na primjer, mi čujem o učimo i praktikujemo takve riječi kao što su: „Volite jedni druge," „Da nema zavisti, ne budite ljubomorni" i tako dalje. Ali na Nebu, postoji samo ljubav i tako da, nama nisu potrebne ove vrste znanja tamo. Iako su to duhovne stvari, na kraju i prorokovanje, različiti jezici i svo znanje će takođe nestati. To je zato što su one potrebne samo privremeno u ovom fizičkom svijetu.

Prema tome, važno je da znamo Riječ istine i da znamo o Nebu, ali je mnogo važnije da kultivišemo ljubav. Do mjere da smo preobratili naše srce i kultivisali ljubav mi možemo da uđemo na bolje nebesko mjesto boravka.

Ljubav je vječno dragocijena

Samo se sjetite vremena vaše prve ljubavi. Koliko srećni ste bili! Kako znamo da kažemo da smo slijepi od ljubavi, ako mi zaista volimo nekoga, mi možemo samo da vidimo dobre stvari u toj osobi i sve na svijetu izgleda prelijepo. Sunce izgleda sjajnije nego ikada i možemo da osjetimo čak i miris u vazduhu. Postoje neki labaratorijski izvještaji u koji stoji da dijelovi mozga koji kontrolišu negativne i kritikujuće misli su manje aktivni kod onih koji su zaljubljeni. Na isti način, ako ste vi ispunjeni sa ljubavi za Boga u vašem srcu, vi ste samo tako srećni čak iako ne jedete. Na Nebu, ovakva vrsta radosti će trajati vječno.

Naš život na ovoj zemlji je kao život djeteta u upoređenju sa životom koji ćemo imati na Nebu. Beba koja je tek počela da govori može da izgovori samo nekoliko lakih riječi kao što su „mama" ili „tata." On ne može da izrazi mnogo stvari jasno do detalja. Takođe, djeca ne mogu da razumiju složenije stvari svijeta kao što to mogu odrasli. Djeca govore, razumiju i misle svojim znanjem i sposobnostima kao djeca. Oni nemaju jasan prikaz o vrijednosti novca, tako da ako su predstavljeni sa novčićem ili predlogom zakona, oni će naravno izabrati novčić. To je zato što oni znaju da je novčić nekako vrijedan njima jer će im koristiti za kupovinu bombona ili kokica, ali oni ne znaju za vrijednost zakona.

To je isto i sa razumijevanjem Neba dok živimo na ovoj zemlji. Mi znamo da je Nebo prelijepo mjesto, ali je teško da izrazimo koliko je u stvari lijepo. U nebeskom kraljevstvu, ne postoje ograničenja tako da ljepota može da biti izražena do najveće mjere. Kada mi dođemo na Nebo, mi ćemo takođe moći da razumijemo beskonačnost i misterije nebeskog kraljevstva i principe sa kojima sve funkcioniše. Ovo je navedeno u 1. Poslanici Korinćanima 13:11: *„Kad ja bejah malo dijete kao dijete govorah, kao dijete mišljah, kao dijete razmišljah; a kad postadoh čovjek, odbacih detinjstvo."*

U nebeskom kraljevstvu, ne postoji tama niti brige ni uznemirenost. Samo dobrota i ljubav postoje. Tako da, mi možemo da izrazimo našu ljubav i da služimo jedni drugima koliko god to želimo. Na ovaj način, fizički svijet i duhovno kraljevstvo su potpuno različiti. Naravno, čak i na ovoj zemlji, postoji velika razlika u ljudskom razumijevanju i mislima u skladu sa mjerom vjere svakoga pojedinca.

U 1. Jovanovoj Poslanici poglavlje 2, svaki nivo vjere se upoređuje sa malom djecom, djecom, mladim ljudima i očevima. Za one koji su u nivou vjere malog deteta ili malo starijeg djeteta, oni su kao djeca u duhu. Oni ne mogu da zaista razumiju dubinu duhovnih stvari. Oni imaju malo snage da bi praktikovali Riječ. Ali kada oni postanu mladi mladići ili očevi, njihove riječi i djela postaju drugačija. Oni imaju više mogućnosti da praktikuju Riječ Božju i oni mogu da pobjede u borbi protiv moći tame. Ali čak iako su ispunili vjeru očeva na ovoj zemlji, mi možemo da kažemo da su oni ipak još kao djeca sve do vremena dok ne uđu u nebesko kraljevstvo.

Mi ćemo osjetiti savršenu ljubav

Detinjstvo je vrijeme pripremanja da bi se postao odrastao i slično tome, život na ovoj zemlji je priprema za vječni život. I, ova zemlja je kao sjena u uporeĐenju sa vječnim kraljevstvom neba i ona prolazi brzo nestaje. Sjena nije u stvari biće. Drugim riječima to nije stvarno. To je samo lik koji liči na pravo biće.

Kralj David je blagoslovio GOSPODA ispred cijelog skupa i rekao: „*Jer smo došljaci pred Tobom i gosti kao svi oci naši; dani su naši na zemlji kao sjen i nema stajanja*" (1. Knjiga Dnevnika 29:15).

Kada mi gledamo na sjenu nečega, mi možemo da razumijemo opšti izgled tog objekta. Ovaj fizički svijet je takođe kao sjena koja nam daje brzu ideju o vječnom svijetu. Kada sjena, što je život na zemlji prođe, prava suština će biti jasno otkrivena. Upravo sada, mi znamo o duhovnom kraljevstvu samo nejasno i kroz maglu, kao kada bi gledali kroz ogledalo. Ali kada odemo u nebesko kraljevstvo, mi ćemo razumijeti jasno kao da smo sa njime licem u lice.

U 1. Poslanici Korinćanima 13:12 čitamo: „*Tako sad vidimo kao kroz staklo, u zagonetki, a onda ćemo licem k licu; sad poznajem nešto, a onda ću poznati kao što sam poznat.*" Kada je Apostol Pavle napisao ovo Poglavlje Ljubavi to je bilo prije oko 2000. godina. Ogledala u tim vremenima nisu bila tako jasna kao ova današnja. Ona nisu pravljena od stakla. Oni su brušili srebro, bronzu ili čelik i polirali su metal da bi reflektovali svjetlost. Zbog toga su ogledala bila mutna. Naravno, neki ljudi vide i osjećaju nebesko kraljevstvo mnogo jasnije sa duhovnim očima koja su otvorena. Ipak, mi možemo da osjetimo ljepotu i radost Neba samo kroz maglu.

Kada mi uđemo u vječno kraljevstvo neba kasnije, mi ćemo jasno vidjeti svaki detalja kraljevstva i direktno ćemo ga osjetiti. Mi ćemo naučiti o veličini, sili i ljepoti Božjoj koja je izvan riječi.

Ljubav je najveća između vjere, nade i ljubavi

Vjera je veoma važna u rastu naše vjere. Mi možemo da budemo spašeni i da odemo na nebo samo kada imamo vjeru. Mi možemo da postanemo Božje dijete samo sa vjerom. Zato što možemo da dostignemo spasenje, vječni život i nebesko kraljevstvo sa vjerom, vjera je veoma dragocijena. I blago nad svim blagom je vjera; vjera je ključ za dobijanje odgovora na naše molitve.

Šta je sa nadom? Nada je takođe dragocijena; mi ćemo zauzeti bolje mjesto boravka na Nebu ako imamo nadu. Tako da, ako imamo vjeru mi ćemo sasvim prirodno imati i nadu. Ako mi zaista vjerujemo u Boga i Nebo i Pakao, mi ćemo imati nadu za Nebom. Takođe, ako mi imamo nadu, mi ćemo pokušati da postanemo posvećeni i da radimo odano za Božje kraljevstvo. Vjera i nada su naveće sve dok ne dostignemo nebesko kraljevstvo. Ali 1. Poslanici Korinćanima 13:12 govori o ljubavi koja je najveća, zašto?

Prvo, vjera i nada je ono što je potrebno samo za vrijeme života na ovoj zemlji, a samo duhovna ljubav ostaje u kraljevstvu nebeskom.

Na Nebu mi nećemo morati da vjerujemo u ništa što ne vidimo ili se nadamo zato što će tamo sve biti ispred naših očiju. Pretpostavimo da imate nekoga koga volite veoma mnogo ali niste ga vidjeli nedelju dana ili šta više oko deset godina. Mi ćemo imati mnogo dublje i veće emocije kada se sretnemo sa njime posijle deset godina. I sastanak sa njim, koji je nedostajao deset godina, da li će postojati kome će on još nedostajati?

Isto se dešava i sa našim hrišćanskim životom. Ako mi zaista imamo vjeru i volimo Boga, mi ćemo imati nadu koja raste kako vrijeme prolazi i kako naša vjera raste. Nama će nedostajati Gospod mnogo više kako dani prolaze. Oni koji imaju nadu za Nebom na ovaj način neće reći da je teško čak iako oni idu teškim puten na ovoj zemlji, i oni neće biti poljuljani u nikakvim namjerama. I kada dostignemo naše konačno odredište, nebesko kraljevstvo, nama više neće biti potrebna vjera i nada. Ali ljubav ipak traje na Nebu vječno i zbog toga Biblija govori da je ljubav najveća.

Drugo, mi možemo da posjedujemo Nebo sa vjerom, ali bez ljubavi, mi ne možemo da dođemo da najljepšeg mjesta boravka, Novog Jerusalima.

Mi možemo čvrsto da se držimo nebeskog kraljevstva do mjere da radimo sa vjerom i nadom. Do mjere da možemo da živimo po Riječi Božjoj, da odbacimo grijehove i kultivišemo prelijepo srce, nama će biti data duhovna vjera u skladu sa mjerom ove duhovne vjere, nama će biti data različita mjesta boravka na Nebu. Raj,

Prvo kraljevstvo Neba, Drugo kraljevstvo Neba, Treće kraljevstvo neba i Novi Jerusalim.

Raj je za one koji imaju vjeru samo da budu spašeni prihvativši Isusa Hrista. To znači da oni nisu uradili ništa za kraljevstvo Božje. Prvo kraljevstvo Neba je za one koji su pokušali da žive po Riječi Božjoj nakon što su prihvatili Isusa Hrista. To je mnogo više ljepše od Raja. Drugo kraljevstvo Neba je za one koji su živeli po Riječi Božjoj sa svojom ljubavi prema Bogu i bili odani Božjem kraljevstvu. Treće kraljevstvo Neba je za one koji vole Boga do najvećeg stepena i koji su odbacili sve forme zla i postali posvećeni. Novi Jerusalim je za one koji imaju vjeru koja ugađa Bogu i koji su bili predani u cijelom Božjem domaćinstvu.

Novi Jerusalim je nebesko mjesto boravka dato onoj djeci Božjoj koja su kultivisala savršenu ljubav sa vjerom i to je kristal ljubavi. U stvari, niko osim Isusa Hrista, jedinog rođenog Sina Božjeg nema kvalifikacije da uđe u Novi Jerusalim. Ali mi ljudska bića takođe možemo da imamo kvalifikacije da tamo uđemo ako smo opravdani sa dragocijenom krvi Isusa Hrista i posjedujemo savršenu vjeru.

Da bi mi ličili na Isusa Hrista i da bi boravili u Novom Jerusalimu, mi moramo da pratimo put kojim je naš Gospod išao. Taj put je ljubav. Samo sa ovom ljubavi mi možemo da uberemo devet voća Svetog Duha i Blaženstvo da bi bili vrijedni iskrene Božje djece koja imaju osobine Gospoda. Jednom kada dobijemo kvalifikacije kao iskrena Božja djeca, mi dobijamo sve što smo tražili na ovoj zemlji i mi ćemo imati tu privilegiju da možemo da koračamo sa Gospodom zauvijek na Nebu. Prema tome, mi možemo da odemo na Nebo kada imamo vjeru, i možemo da odbacimo grijehove kada imamo nadu. Iz ovog razloga vjera i nada su odista neophodne, ali ljubav je najveća jer možemo da uđemo u Novi Jerusalim samo kada imamo ljubav.

„I ne budite nikome ništa dužni osim da ljubite jedan drugog;

jer koji ljubi drugog zakon ispuni.

Jer ovo: Ne čini preljube, ne ubij, ne ukradi, ne svjedoči lažno,

ne zaželi, i ako ima još kakva druga zapovijest,

u ovoj se riječi izvršuje, to jest:

„Ljubi bližnjeg svog kao samog sebe."

Ljubav ne čini zla bližnjemu;

dakle je ljubav izvršenje zakona."

Poslanica Rimljanima 13:8-10

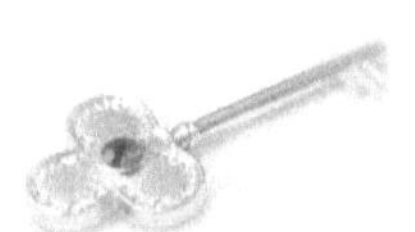

3. dio

Ljubav je ispunjenje Zakona

Ljubav Božja

„I mi poznasmo

i vjerovasmo ljubav koju Bog ima k nama.

Bog je ljubav, i koji stoji u ljubavi,

u Bogu stoji i Bog u njemu stoji.“

1. Jovanova Poslanica 4:16

Dok je radio sa Kuečua indijancima (Quechua Indians), Eliot se pripremao da dođe do po nasilnosti poznatog indijanskog plemena Huaorani. On i još četiri druga misionara, Ed Mek Kuli, Rodžer Jouderian, Piter Fleming i pilot Nejt Seint, su iz aviona uspostavili kontakt sa Huaorani indijancima koristeći megafon i korpu dsa bi dole poslali poklone. Poslije nekoliko mjeseci Eliot je odlučio da napravi bazu nedaleko od indijanskog plemena uz rijeku Kuraraj. Nekoliko puta je njima prišla mala grupa Huaorani indijanaca a čak su i jednom avionom provozali jednog radoznalog Huaoiranca koga su oni zvali Džordž (njegovo pravo ime bilo je Naenkivi). Ohrabreni ovim prijateljskim susretima, oni su počeli da planiraju da posjete Huaorane ali njihihovi planovi su propali dolaskom veće grupe Huaroana koji su ubili Eliota i njegova četiri drugara januara 8-og 1956. god. Eliotovo unakaženo tijelo je nađeno nizvodno, zajedno sa tijelima ostalih ljudi osim tijela Eda Mek Kulija.

Eliot i njegovi drugovi odmah su širom svijeta postali poznati kao mučenici a magazin Lajf (Life) je na 10 stranica objavio članak o njihovoj misiji i smrti. Njima se pripisuje izazivanje interesovanja prema Hrišćanstvu među mladima iz tog perioda a i dalje se smatraju onima koji ohrabruju Hrišćanske misionare koji rade širom svijeta. Nakon smrti svog supruga, Elizabet Eliot i drugi misionari počeli su da rade među Auka indijancima, gdje su imali dubok uticaj i osvojili mnogo preobraćenika. Mnogo duše je osvojeno uz ljubav Božju.

I ne budite nikome ništa dužni osim da volite jedan drugog; jer koji voli drugog zakon ispuni. Jer ovo: „Ne čini preljube, ne ubij, ne ukradi, ne svjedoči lažno, ne zaželi,“ i ako ima još kakva druga zapovjest, u ovoj se riječi izvršuje, to jest: „Ljubi bližnjeg svog kao samog sebe.“ Ljubav ne čini zla bližnjemu; dakle je ljubav izvršenje zakona (Poslanica Rimljanima 13:10).

Najviši nivo ljubavi među svim vrstama ljubavi je ljubav Boga prema nama. Stvaranje svih stvari i ljudskih bića takođe proizilaze iz ljubavi Božje.

Bog je iz Svoje ljubavi stvorio sve stvari i ljudska bića

Na početku Bog je Sam obitavao u ogromnom prostoru univerzuma. Ovaj univerzum je drukčiji univerzum od onoga koga mi danas znamo. To je prostor koji nema početak ni kraj niti kakve granice. Sve stvari su učinjene po volji Božjoj i po onome što On čuva u Svom srcu. Onda, ako Bog ima sve što poželi, zašto je On stvorio ljudska bića?

On je htio istinsku djecu sa kojom bi mogao da podijeli ljepotu Svog svijeta u kojoj je on uživao. On je htio da dijeli prostor u kome je sve urađeno kako se poželi. Slično je i sa ljudskim razmišljanjem, mi bismo htjeli da otvoreno dijelimo dobre stvari sa onima koje volimo. Uz ovu nadu Bog je isplanirao ljudsku kultivaciju kako bi dobio istinsku djecu.

Kao svoj prvi korak, On je podjelio univerzum na fizički svijet i duhovni svijet i stvorio nebesku vojsku i anđele, druga duhovna bića i sve neophodne stvari u duhovnom kraljevstvu. On je stvorio prostor za Sebe da obitava kao i Kraljevstvo nebesko gdje će obitavati Njegova istinska djeca i prostor gdje će ljudska bića proći kroz kultivaciju. Nakon što je prošao nemjerljiv period vremena, On je stvorio zemlju u fizičkom svijetu zajedno sa suncem, mjesecom, zvijezdama i prirodnim okruženjem i svim što je potrebno za ljude da žive.

Postoji nebrojeno mnogo duhovnih bića oko Boga kao što su anđeli ali oni se bezuslovno povinuju, nešto kao roboti. Oni nisu bića sa kojima bi Bog mogao da podijeli Svoju ljubav. Iz tog razloga je Bog stvorio čovijeka po Svom liku kako bi dobio istinsku djecu sa kojom bi mogao da podjeli Svoju ljubav. Ako bi bilo moguće imati robote sa lijepim licima koji bi se ponašali tačno tako kako bi vi željeli, da li bi oni mogli da zamene vašu djecu? Iako vas vaša deca možda ne slušaju s vremena na vrijeme ona bi i dalje bila mnogo voljenija nego ti roboti jer bi ona mogla da osjete vašu ljubav i da izraze njihovu ljubav prema vama. Isto je i sa Bogom. On je htio istinsku djecu sa kojom bi mogao da razmjeni Svoje srce. Sa ovom ljubavlju, Bog je stvorio prvo ljudsko biće i to je bio Adam.

Nakon što je Bog stvorio Adama, On je stvorio vrt prema istoku na mjestu koje se zvalo Eden i On je Adama odveo tamo. Edenski vrt je dat od strane Božje obzirnosti prema Adamu. To je tajanstveno predivno mjesto gdje cvijeće i drveće lijepo rastu a ljupke životinje šetaju unaokolo. Voća ima svuda u izobilju. Ima povetaraca koji su tako nježni kao svila a trava ispusta šaputave zvuke. Voda sija kao kada se svjetlost odbija od dragog kamenja. Čak i sa najbujnijom maštom čovjek ne može u potpunosti da izrazi ljepotu tog mjesta.

Bog je takođe dao Adamu i pomagača čije ime je bilo Eva. To

nije zato što se Adam lično osjećao usamljeno. Bog je unaprijed razumio Adamovo srce jer je i Bog dugo vremena bio usamljen. U najboljim uslovima za život datim od Boga, Adam i Eva su šetali sa Bogom i dugo, dugo vremena, su oni uživali autoritet kao gospodari svih životinja.

Bog je kultivisao ljudska bića kako bi od njih napravio svoju istinsku djecu

Ali Adamu i Evi je falilo nešto da bi bili istinska djeca Božja. Iako im je Bog u potpunosti dao svoju ljubav, oni nisu baš mogli da osjete Božju ljubav. Oni su uživali u svemu što je dato od Boga, ali nije bilo ništa što su oni zaradili ili dobili ulažući svoj napor. Tako, oni nisu razumijeli koliko je dragocijena Božja ljubav i oni nisu bili zahvalni na onome što im je dato. Šta više, oni nikad nisu osjetili smrt ili nesreću i oni nisu znali vrijednost života. Oni nikad nisu doživjeli mržnju, tako da nikad nisu razumijeli istinsku vrijednost ljubavi. Iako su oni čuli i znali o tome kao znanju koje se stiče mozgom, oni nisu mogli da osjete pravu ljubav u svojim srcima zato što nikad nisu imali stvarno iskustvo iz prve ruke.

Razlog zbog koga su Adam i Eva Eva jeli sa drveta spoznaje dobra i zla leži ovdje. Bog je rekao: *„... jer onog dana kada budete jeli sa njega vi ćete sigurno umrijeti,*" ali oni nisu znali potpuno značenje smrti (Postanak 2:17). Zar Bog nije znao da će oni jesti sa drveta spoznaje dobra i zla? Jeste. On je znao, ali je i dalje dao Adamu i Evi slobodnu volju da naprave izbor u pokornosti. Ovdje leži proviđenje ljudske kultivacije.

Kroz ljudsku kultivaciju, Bog je htio da cijelo čovječanstvo okusi suze, tugu, bol, smrt i tako dalje, tako da kada kasnije dođu na Nebo, oni će stvarno osjetiti kako su vrijedne i dragocijene nebeske stvari i oni će biti u mogućnosti da uživaju u istinskoj sreći. Bog je htio da zauvijek dijeli Svoju ljubav sa njima na Nebu, koje je, van svakog upoređenja, još ljepše nego Edenski vrt.

Nakon što su se Adam i Eva oglušili od Riječi Božje oni više nisu mogli da da žive u Edenskom vrtu. I pošto je Adam izgubio svoju autoritet kao gospodar svih stvorenja, sve životinje i biljke na planeti su takođe bile proklete. Zemlja je nekad imala izobilje i ljepotu ali je takođe i prokleta. Sada proizvodi trnje i korov i čovek ne može više da ubere ništa bez napornog rada i znoja koji mu mu teče niz lice.

Iako Adam i Eva nisu poslušali Boga, On im je ipak napravio odjeću od kože i obukao ih, jer su oni morali da žive u potpuno drugačijem okruženju (Postanak 3:21). Božje srce mora da je gorelo kao u roditelja koji su morali da na neko vrijeme otjeraju svoju djecu kako bi se pripremila za budućnost. Uprkos ovoj ljubavi Božjoj, ubrzo nakon što je počela ljudska kultivacija, ljudi su postali okaljani grijehovima i oni su se vrlo brzo udaljili od Boga.

Poslanica Rimljanima 1:21-23 kaže: „*Jer kad poznaše Boga, ne proslaviše Ga kao Boga niti Mu zahvališe, nego zaludješe u svojim mislima, i potamne nerazumno srce njihovo. Kad se građahu mudri, poludješe, i pretvoriše slavu vječnog Boga u obličje smrtnog čovjeka i ptica i četvoro nožnih životinja i gmižućih stvorenja.*"

Za ovaj griješni ljudski rod, Bog je pokazao svoje proviđenje i ljubav kroz izabrane ljude, Izrael. Sa jedne strane, dok su živjeli po Riječi Božjoj, On im je pokazao nevjerovatne znake i čuda i dao im velike blagoslove. Sa druge strane, kada bi se oni udaljili od Boga, obožavali idole i činili grijehove, Bog je slao mnoge proroke da donesu Njegovu ljubav.

Jedan od tih proroka bijeше Osija, koji je bio aktivan u mračno doba nakon što je Izrael bio razdvojen na sjeverni Izrael i južnu Judeju.

Jednoga dana dade Bog Osiji specijalnu naredbu govoreći: *„Idi, oženi se kurvom, i rodi kopilad"* (Osija 1:2). Nije bilo zamislivo za pobožnog proroka da se oženi kurvom. Iako nije u potpunosti razumio namjeru Božju, Osija se povinovao Njegovoj Riječi i za svoju ženu uzeo ženu po imenu Gomera.

Oni izrodiše troje djece, ali Gomera ode drugom čovjeku prateći svoju pohotu. I pored toga, Bog je naredio Osiji da voli svoju ženu (Osija 3:1). Osija je nju tražio i kupio je sebi za petnaest sikala srebra i gomor i po ječma.

Ljubav Osijina prema Gomeri simbolizuje ljubav koju je Bog nama dao. A Gomera simbolizuje sve ljude koji su umrljani grijehovima. Kao što je Osija za svoju ženu uzeo kurvu, Bog je prvo volio one od nas koji smo bili umrljani grijehovima na ovom svijetu.

On je pokazao Njegovi bezgraničnu ljubav, nadajući se da će se svako okrenuti od puta smrti i postati njegovo dijete. Čak iako su se oni sprjateljili sa svijetom i neko vrijeme sebe udaljili od Boga, On neće da kaže: „Vi ste Me napustili i Ja vas ne mogu opet prihvatiti." On samo želi da se svi vratimo Njemu i On to radi sa iskrenijim srcem nego roditelji koji čekaju da se vrate njihova djeca koja su pobjegla od kuće.

Bog je pripremio Isusa Hrista još prije vijekova

Parabola o izgubljenom sinu u Jevanđelju po Luki15 jasno pokazuje srce Boga Oca. Drugi sin koji je uživao život u izobilju kao dijete nije imao zahvalno srce za svog oca niti je razumio vrijednost vrste života koji je živio. Jednoga dana on je unaprijed tražio novac koji treba da naslijedi. On je bio tipično razmaženo dijete koje je tražilo novac koji treba da naslijedi dok mu je otac bio živ.

Otac nije mogao da zaustavi svog sina zato što njegov sin nije nimalo razumio srce roditelja i na kraju je dao svom sinu novac koji treba da naslijedi. Sin je bio srećan i otišao je na putovanje. Očev bol je počeo tog dana. On se mnogo brinuo misleći: „Šta ako se povrijedi? Šta ako naleti na neke zle ljude?" Otac čak nije mogao ni da spava od brige za svog sina, gledao je u daljinu nadajući se da će se njegov sin vratiti.

Uskoro sinu je ponestalo novca i ljudi su počeli da ga maltretiraju. Bio je u tako groznoj situaciji da je htio da utoli glad mahunama koje su jele svinje ali niko mu nije davao ništa. On se sada sjeti kuće svoga oca. On se vratio kući ali bilo mu je toliko žao da čak nije mogao ni glavu da podigne. Ali je otac potrčao prema njemu i poljubio ga. Otac ga nije krivio za ništa već je bio toliko srećan da mu je obukao najbolju odjeću i da bi mu priredio zabavu zaklao je tele. Ovo je ljubav Božja.Ovo je moć Božja.

Božja ljubav nije data samo određenim ljudima u određeno vrijeme. 1. Timoteju Poslanica 2:4 kaže: *„[Bog]koji hoće da se svi ljudi spasu i da dođu u poznanje istine.* " On sve vrijeme drži otvorene sve kapije spasenja i kad god se duša vrati Bogu, On svaku dušu dočekuje sa velikom radošću i veseljem.

Sa ovom ljubavlju Boga koji nas ne ostavlja do kraja, put je otvoren za svakog da primi spasenje. To je da je Bog pripremio Svog Jedinorodnog Sina Isusa Hrista. Kao što je napisano u Poslanici Jevrejima 9:22: *„I gotovo sve se krvlju čisti po zakonu, i bez prolivanja krvi ne biva oproštenje,"* Isus je platio cijenu grijehova koju su griješnici trebali da plate, svojom dragocijenom krvlju i svojim životom.

1. Jovanova Poslanica govori o ljubavi Božjoj kao što je zabilježeno: *„Po tom se pokaza ljubav Božja k nama što Bog Sina svog Jedinorodnog posla na svijet da živimo kroza Nj."* Bog je dao da Isus prolije Svoju dragocijenu krv kako bi iskupio čovječanstvo od svih njihovih grijehova. Isus je bio razapet, ali je on nadvladao smrt i vaskrsnuo na treći dan zato što On nije imao grijeh. Kroz ovo je otvoren naš put spasenja. Da nam da Svog Jedinorodnog Sina nije jednostavno kao što zvuči. Korejska poslovica kaže: „Roditelji ne osjećaju bol čak i kad bi njihovi djeci fizički stavili u njihove oči." Mnogi roditelji misle da je život njihove djece važniji od njihovih sopstvenih života.

Zato, čin Boga da da Svog Jedinorodnog Sina Isusa nam pokazuje najveću ljubav. Šta više Bog je pripremio Kraljevstvo nebesko za one koje je od zadobio nazad kroz krv Isusa Hrista. Kako je ovo velika ljubav! I pored toga Božja ljubav se ne završava ovde.

Bog nam je dao Svetog Duha da nas vodi na Nebo

Bog daje Sveti Duh kao dar onima koji prihvataju Isusa Hrista i prime oproštaj od grijehova. Sveti Duh je srce Božje. Još od vremena vaznesenja Gospodnjeg, Bog je poslao Pomoćnika, Duha Svetoga u naša srca.

U Poslanici Rimljanima 8:26-27 čitamo: *„A tako i Duh pomaže nam u našim slabostima: jer ne znamo za šta ćemo se moliti kao što treba, nego Sam Duh moli se za nas uzdisanjem neiskazanim. A Onaj što ispituje srca zna šta je misao Duha, jer po volji Božjoj moli se za svete.“*

Kada mi griješimo, Sveti Duh nas vodi ka pokajanju uzdisaja neiskazanih. Onima koji imaju slabu vjeru, On daje vjeru; onima koji nemaju nadu On daje nadu. Baš kao što majke nježno čuvaju i brinu se o svojoj djeci, On nam daje Njegov glas tako da mi ne bi bili povređeni ili oštećeni na bilo koji način. Na ovaj način On nam dozvoljava da upoznamo srce Boga koji nas voli, i On nas vodi ka Kraljevstvu nebeskom.

Ako mi duboko razumijemo ovu ljubav, mi ne možemo drukčije nego da Bogu uzvratimo ljubav. Ako mi volimo Boga svojim srcem, On na uzvraća ogromnom i nevjerovatnom ljubavlju koja će nas preplaviti. On nam daje zdravlje i On će nas blagosloviti da nam sve dobro ide. On ovo čini zato što je to zakon duhovnog kraljevstva i što je još važnije, to je zato što On želi da mi osjetimo Njegovu ljubav kroz blagoslove koje dobijamo od Njega. *„Ja volim one koji mene vole, i koji me predano traže nalaze me“* (Poslovice 8:17).

Šta ste vi osjetili kada ste prvi put sreli Boga i primili iscjeljenje ili rješenja za razne probleme? Vi mora da ste osjetili da Bog voli čak i griješnike poput vas. Vjerujem da mora da ste iz srca posvjedočili: „Kad bi cio okean napunili mastilom a da nebo postane pergament, da bi ispisali ljubav Božju, mi bi isušili okean." Takođe ja vjerujem da ste vi preplavljeni ljubavlju Božjom koji vam je dao vječno Nebo u kome nema brige, nema tuge, nema bolesti, nema razdvajanja i nema smrti.

Mi u početku nismo voljeli Boga. Bog je prvi prišao nama i pružio nam ruku. On nas nije volio zato što smo mi zaslužili da budemo voljeni. Bog nas toliko voli da da je On dao Svog Jedinorodnog Sina za nas koji smo griješnici i osuđeni na smrt. On voli sve ljude i On brine o nama sa ljubavlju većom nego bilo koja ljubav majke koja ne može da zaboravi porod svoj (Isaija 49:15). On čeka na nas kao da je hiljadu godina ništa nego jedan dan.

Božja ljubav je istinska ljubav koja se ne menja čak i kad vrijeme prolazi. Kada mi kasnije odemo na Nebo, naše vilice će pasti na zemlju nakon što vidimo predivne krune, lijepu blistavu odjeću i nebeske kuće napravljene od zlata i dragog kamenja, koje je Bog pripremio za nas. On nam daje nagrade i darove čak i za vrijeme našeg zemaljskog života ovdje i On revnosno čeka na dan kada će biti sa nama u Njegovoj vječnoj slavi. Hajde da osjetimo Njegovu veliku ljubav.

Ljubav Hrista

„...i živite u ljubavi, kao što je i Hristos ljubio nas,

i predade Sebe za nas u prilog

i žrtvu Bogu na slatki miris.“

Poslanica Efežanima 5:2

Ljubav ima veliku moć da nemoguće učini mogućim. Naročito, ljubav Božja i ljubav Gospoda su zaista nevjerovatne. Ona može da okrene nesposobne ljude koji nisu sposobni da u stvari urade ništa u one sposobne koji mogu da učine sve. Kada nepismeni pecaroši, poreznici koji su ranije osuđivani griješnici, siromašani, udovice i ostali zanemareni ljudi ovoga svijeta upoznaju Gospoda, njihovi životi se u potpunosti promjene. Njihova moć i bolest su razriješene i oni osjećaju iskrenu ljubav koju nikada ranije nisu osjetili. Oni su sebe smatrali bezvrijednim, ali oni su ponovo rođeni kao veličanstveni instrumenti Božji. Ovo je moć ljubavi.

Isus je došao na ovu zemlju ostavivši svu nebesku slavu

U početku Bog je bio Riječ i Riječ je došla dole na ovu zemlju u ljudskom tijelu. To je Isus jedini rođeni Sin Božji. Isus je došao dole na ovu zemlju da spasi grijesima okovano ljudstvo koje je išlo na put smrti. Ime „Isus“ znači: *„On koji će da spasi Svoj narod od njihovih grijehova“* (Jevanđelje po Mateju 1:21).

Svi ovi grijehovima zaprljani ljudi nisu postali mnogo različitiji od životinja (Knjiga Propovjednika 3:18). Isus je rođen u štali životinja da iskupi ljude koji su ostavili da rade to što su radili i nisu bili bolji od životinja. On je položen u jasle namjenjene za prehranu stoke da bi postao iskrena hrana za takve ljude (Jevanđelje po Jovanu 6:51). To je bilo da bi dozvolio ljudima da povrate izgubljeni lik Božji i da im dozvoli da urade svoje potpune dužnosti.

Takođe, Jevanđelju po Mateju 8:20 kaže: „*Lisice imaju jame i ptice nebeske gnjezda; a Sin čovječiji nema gdje glave zakloniti.*“ Kao što je rečeno, On nije imao mjesto gdje da spava, i On je morao da ostane noću na polju dok je išao po hladnoći i kiši. On je išao bez hrane i bio je mnogo puta gladan. To nije bilo zbog toga zato što je On bio nesposoban. To je bilo da bi nas iskupio od siromaštva. 2. Poslanica Korinćanima 8:9 govori: „*Jer znate blagodat Gospoda našeg Isusa Hrista da, bogat budući, vas radi osiromaši, da se vi Njegovim siromaštvom obogatite.*“

Isus je započeo Njegovo javno službovanje sa znakom kada je vino napravio od vode na svadbenom banketu Kana. On je propovjedao kraljevstvo Božje i izvodio je mnogo znakova i čuda u području Judeje i Galileje. Mnogi bolesni od lepre su bili iscijeljeni, hromi su mogli da ustanu i da poskakuju, i oni koji su patili od posjedovanja demonima su bili oslobođeni od sile tame. Čak i osoba koja je bila mrtva četiri dana i gdje je izlazio neprijatan miris iz grobnice postala je živa (Jevanđelje po Jovanu 11).

Isus je manifestvovao tolike nevjerovatne stvari za vrijeme Njegovog službovanja da bi dao ljudima da razumiju ljubav Božju. Šta više, biti jedan u poreklu sa Bogom i Riječ sama, On je održavao Zakon u potpunosti da bi nama postavio najbolji primjer. Takođe, samo zato što je održavao Zakon, On nije osuđivao one koji su kršili Zakon ili bi ih stavljao u smrt. On je samo učio ljude istini kako bi se makar jedna duša pokajala i dobila spasenje.

Da je Isus mjerio svakoga striktno u skladu sa Zakonom, niko ne bi bio u mogućnosti da dobije spasenje. Zakon je zapovjest

Božja koji nam govori šta treba da uradimo, šta ne, šta da odbacimo i da održimo određene stvari. Na primjer, postoje takve zapovjesti kao što su: „održavajte Sabat svetim; ne priželjkuj domaćinstvo vašeg komšije; poštuj svoje roditelje i odbaci sve vrste zla." Posljednje odredište svih zakona je ljubav. Ako vi održavate sve odredbe i zakone, vi možete da praktikujete ljubav, makar sa spolja.

Ali ono što Bog želi od nas nije samo da održavamo zakon u našim djelima. On želi da mi praktikujemo zakon sa ljubavi u našim srcima. Isus je znao ovo srce Boga veoma dobro i ispunio je Zakon sa ljubavi. Jedan od najboljih primjera je slučaj žene koja je bila uhvaćena u samom činu preljubništva (Jevanđelje po Jovanu 8). Jednog dana, pisari i fariseji doveli su ženu koja je bila uhvaćena u sceni preljube, stavili su je u centar ljudi i pitali Isusa: *„A Mojsije nam u zakonu zapovjedi da takve kamenjem ubijamo; a Ti šta veliš?"* (Jevanđelje po Jovanu 8:15).

Oni su ovo rekli jer nisu mogli da pronađu osnove da bi iznjeli optužbe protiv Isusa. Šta mislite da je žena osjećala tog momenta? Ona mora da se osjećala veoma osramoćeno zato što je njen grijeh bio otkriven ispred svih i ona mora da se tresla od straha jer je trebala da bude kamenovana do smrti. Da je Isus rekao: „Kamenujte je," njen život bi došao do kraja jer bi bila gađana sa mnogo kamenja koje bi bacali na nju.

Isus međutim nije rekao da je kazne u skladu sa Zakonom. Umjesto toga, On se sagnuo dole i počeo je da piše nešto po zemlji sa Njegovim prstom. Bila su to imena grijehova koje su svi ti ljudi tamo počinili Nakon što je čuo njihove grijehove, On je ustao i rekao: *„Koji je među vama bez grijeha neka najprije baci* *kamen na nju*" (stih 7). Onda, On se sagnuo još jednom i počeo je da piše nešto.

Ovaj put, On je napisao grijehove svake osobe, kao da ih je On video kada su, gdje, i kako svako od njih počinili svoj grijeh. Oni koji su osjetili mučninu u savjesti počeli su da napuštaju mjesto jedan po jedan. Na kraju, ostao je samo Isus i žena. Sljedeći stihovi 10 i 11 govore: „*A kad se Isus ispravi, i ne videjvši ni jednog do samu ženu, reče joj: Ženo! Gde su oni što te tužahu? Nijedan te ne osudi? A ona reče: Nijedan, Gospode! A Isus joj reče: Ni ja te ne osuđujem. Idi. I odsele više ne griješi.*"

Zar nije žena znala da je smrt zbog preljube kamenovanje do smrti? Naravno da jeste. Ona je znala Zakon ali je počinila grijeh zato što nije mogla da prevaziđe svoju želju. Ona je samo čekala da bude stavljena u smrt zato što je njen grijeh bio otkriven i kako je iskusila neočekivani oprost od Isusa, koliko je samo ona bila dirnuta! Sve dok se prisjećala Isusove ljubavi, ona nije više mogla da počini grijeh ponovo.

Pošto je Isus sa Njegovom ljubavi oprostio ženi koja je prekršila Zakon, da li Zakon zastareva sve dok imamo ljubavi za Boga i naše komšije? Ne zastareva. Isus govori: „*Ne mislite da sam Ja došao da pokvarim Zakon ili Proroke; Ja nisam došao da pokvarim, nego da ispunim*" (Jevanđelje po Mateju 5:17).

Mi možemo da praktikujemo volju Boga mnogo savršenije zato što imamo Zakon. Ako neko samo kaže da voli Boga, mi ne možemo da izmjerimo koliko je duboka i mudra njegova ljubav. Međutim, mjera njegove ljubavi može biti provjerena zato što imamo Zakon. Ako on zaista voli Boga svim svojim srcem, on će definitivno održavati Zakon. Za takvu osobu, nije teško da održava Zakon. Šta više, do mjere da na pravičan način održava

Zakon, on će dobiti Božju ljubav i blagoslove.

Ali legalisti u vrijeme Isusa nisu bili zainteresovani za ljubav Božju sadržanu u Zakonu. Oni se nisu obazirali na to da načine njihova srca svetim, već su se samo pridržavali formalnosti. Oni su se osjećali zadovoljno i čak su bili ponosni kada su Zakon spoljašno održavali. Oni su mislili da su održavali Zakon i ipak su odmah osuđivali i optuživali one koji su kršili Zakon. Kada je Isus objašnjavao iskreno značenje sadržano u zakonu i učio o srcu Božjem, oni su rekli da je Isus griješio i da su ga opsjedali demoni.

Zato što Fariseji nisu imali ni malo ljubavi, održavanje Zakona nije koristilo ni malo njihovim dušama (1. Korinćanima Poslanica 13:1-3). Oni nisu odbacili zlo u njihovim srcima već su samo širili optužbe i osude prema drugima i na taj način su sebe još više udaljili od Boga. Na kraju, oni su počinili grijeh što su razapeli Sina Božjeg, koji ne može biti vraćen.

Isus je ispunio proviđenje Krsta u povinovanju sve do smrti

Kako se kraj Njegovog trogodišnjeg službovanja bližio, Isus je otišao na planinu maslina odmah prije nego što je Njegova patnja počela. Kako je noć sve više postajala dublja, Isus se molio iskreno suočavajući se sa raspećem ispred Njega. Njegova molitva je bio krik da spase sve duše kroz Njegovu krv koja je bila potpuno nevina. Bila je to molitva da traži moć da bi prevazišao patnju na krstu. On se molio još iskrenije, a Njegov znoj je bio kao kapi krvi koje su padale na zemlju (Jevanđelje po Luki 22:42-44).

U toj noći, Isus je bio uhvaćen od vojnika i vođen je od mjesta do mjesta na ispitivanja. Na kraju On je dobio smrtnu kaznu na dvoru Pilata. Rimski vojnici su mu stavili krunu na glavu, pljuvali su na Njega, i udarali su ga prije nego što su ga odveli na mjesto pogubljenja (Jevanđelje po Mateju 27:28-31).

Njegovo tijelo bilo je prekriveno krvlju. On je bio ismevan i šiban cijelu noć, i sa ovim Njegovim tijelom On je do Golgote nosio Njegov drveni krst. Velika masa ljudi je pratila Njega. Oni su Njega jednom dočekivali uzvikujući: „Hosana“ (Pomozi) a sada su postali gomila koja viče „Razapnite Njega.“ Isusovo lice je bilo prekriveno krvlju toliko mnogo da je bio neprepoznatljiv. Sva Njegova snaga je bila izmučena zbog bolova koje su uzrokovali mučenje i bilo je veoma teško za Njega da napravi makar jedan korak napred.

Kada je stigao do Golgote, Isus je bio razapet da bi nas iskupio od grijehova. Da bi nas iskupio, koji smo bili pod kletvom zakona koji govori da je plata za grijeh smrt (Poslanica Rimljanima 6:23), On je nosio drveni krst i prolio je Njegovu krv. On je oprostio nama naše grijehove koje smo počinili sa našim mislima dok je nosio krunu na Njegovoj glavi. Njemu su probijeni ekseri na Njegovim rukama i nogama da bi oprostio nama naše grijehove koje smo počinili sa rukama i nogama.

Budalasti ljudi koji nisu znali ovu činjenicu ismevali su se i podsmijevali Isusu koji je visio na krstu (Jevanđelje po Luki 23:35-37). Ali čak i u nezamislivom boli, Isus se molio za oproštaj onih koji su Njega razapeli kao što je zapisano u Jevanđelju po Luki 23:34: *„Oče! Oprosti im; jer ne znadu šta čine.“*

Razapeće je jedno od najoholijih metoda pobugbljenja. Jedan osuđenik mora da pati od većih bolova i mnogo duže nego drugi osuđenici. Ruke i Noge su probijeni ekserima i meso se razdvaja.

Tu postoji teško dehidriranje i poremećaj u cirkulaciji krvi. Ovo uzrokuje sporo pogoršanje funkcija unutrašnjih organa. Dok pati u pogubljenju on takođe i pati od bolova koje stvaraju insekti koji dolaze zbog mirisa krvi.

Šta vi mislite šta je Isus mislio dok je bio na krstu? Nije mislio na bol Njegovog tijela za vrijeme pogubljenja. Već umjesto toga On je mislio na razlog zašto je Bog stvorio čovjeka, značenju kultivisanja ljudi na ovoj zemlji i razlog zašto je On morao da žrtvuje Sebe kao proporciju za ljudski grijeh i ponudio je Njegove iskrene molitve zahvalnosti.

Nakon što je Isus patio od bolova šest sati na krstu, On je rekao: *„Žedan sam"* (Jevanđelje po Jovanu 19:28). To je bila duhovna žeđ, što je žeđ da se osvoje duše koje idu ka putu smrti. Misleći na mnoge duše koje će živjeti na ovoj zemlji u budućnosti, On je tražio od nas da prenesemo poruku sa krsta i da spasemo duše.

Isus konačno govori; *„Svrši se!"* (Jevanđelje po Jovanu 19:30) i onda izdahnu zadnji dah nakon što je rekao: *„Oče! U ruke Tvoje predajem duh Svoj"* (Jevanđelje po Luki 23:46). On je predao Njegov duh u ruke Boga jer je završio Njegovu dužnost u otvaranju puta ka spasenju cijelog ljudstva postajući Sam žrtva. Bilo je to djelo gdje je djelo najveće ljubavi ispunjeno.

Od tada, zid grijeha koji je stojao između nas i Boga se srušio i nama je omogućeno da komuniciramo direktno sa Bogom. Prije toga, najviši svještenik je morao da ponudi žrtvu za oproštaje od grijehova u ime naroda, ali to više nije tako. Svako ko vjeruje u Isusa Hrista može da dođe u sveti hram Božji i da direktno služi Bogu.

Isus priprema nebeska mjesta boravka sa Njegovom ljubavi

Prije nego što je uzeo krst, Isus je rekao svojim učenicima o stvarima koje će se desiti. On je njima rekao da će morati da uzme krst kako bi ispunio proviđenje Oca Boga, ali učenici su ipak bili zabrinuti. Sada On im je objasnio o nebeskim mjestima boravka da bi im ugodio.

Jevanđelje po Jovanu 14:1-3 govori: *„Da se ne plaši srce vaše, vjerujte Boga, i Mene vjerujte. Mnogi su stanovi u kući Oca Mog. A da nije tako, kazao bih vam; idem da vam pripravim mjesto. I kad otidem i pripravim vam mjesto, opet ću doći, i uzeću vas k sebi da i vi budete gdje sam ja.*" U stvari, On je prevazišao smrt i vaskrsao i uzdigao se na nebo iz pogleda mnogih ljudi. Bilo je to tako da bi On mogao da pripremi nebeska mjesta boravka za nas. Onda, šta se misli pod ovime: „Idem da pripremim nebeske stanove za vas?"

1. Jovanova Poslanica 2:2 govori: *„...i On očišća grijehe naše, i ne samo naše nego i svega svijeta.*" Kao što je rečeno, da svako može da posjeduje Nebo sa vjerom, zato što je Isus uništio zid grijehova između Boga i nas.

Takođe, Isus je rekao: „U kući Moga Oca mnogo je stanova," i to nam govori da On želi da svi dobiju spasenje. On nije rekao da tamo postoje mnoga mjesta boravka na „Nebu" već „U kući Moga Oca" zato što mi možemo da Boga zovemo „Ava Oče" kroz djela dragocijene krvi Isusa.

Gospod se još uvijek zalaže za nas neprestano. On se iskreno moli ispred prijestolja Božjeg bez da jede i da pije (Jevanđelje po

Mateju 26:29). On se moli kako bi mi pobjedili u borbi u ljudskoj kultivaciji na ovoj zemlji i objavili slavu Božju čineći da naše duše napreduju.

Šta više, kada se dogodi Sud Velikog Bijelog prijestolja nakon što se ljudska kultivacija završi, On će i dalje raditi za nas. U sudnici će svakome biti data osuda bez i najmanje greške za ono što je svako od nas učinio. Ali Gospod će biti advokat Božjoj djeci i zadovoljan i govoriće: „Ja sam oprao njihove grijehove mojom krvi" tako da oni mogu da dobiju bolje mjesto boravka i nagrade na Nebu. Zato što je On došao ovdje na zemlju i iz prve ruke iskusio kroz šta ljudstvo prolazi, On će govoriti za čovjeka kao jedan advokat. Kako mi možemo potpuno da razumijemo ovu ljubav Hrista?

Bog nam dozvoljava da vidimo Njegovu ljubav kroz Njegovoj jedinog rođenog Sina Isusa Hrista. Ova ljubav je ljubav sa kojom Isus nije štedeo čak ni prolivanje posljednje kapljice Njegove krvi zbog nas. To je bezuslovna i nepromjenljiva ljubav sa kojom On može da nam oprosti i čak sedamdeset puta sedam. Ko može da nas odvoji od ove ljubavi?

U Poslanici Rimljanima 8:39-39, Apostol Pavle objavljuje: *„Jer znam jamačno da ni smrt, ni život, ni anđeli, ni poglavarstva, ni sile, ni sadašnje, ni buduće, ni visina, ni dubina, ni druga kakva tvar može nas rastaviti od ljubavi Božje, koja je u Hristu Isusu, Gospodu našem."*

Apostol Pavle je shvatio ovu ljubav Boga i ljubav Hrista i on se odrekao svojeg života u potpunosti da bi se povinovao volji Božjoj i da bi živio kao Apostol. Šta više, On nije štedeo svoj život u evangelizaciji nejevreja. On je praktikovao ljubav Božju koja vodi mnoge duše ka putu spasenja.

Čak iako je bio nazvan „kolovođa Nazaretskih jeresa," Pavle je posvetio svoj život kao propovjednik. On je širio cijelom svijetu ljubav Božju i ljubav Gospoda koja je dublja i šira od bilo koje mjere. Ja se molim u ime Gospoda da vi postanete iskrena Božja djeca koja ispunjavaju Zakon sa ljubavlju i da zauvijek boravite u najljepšem mjestu boravka Novom Jerusalimu, djeleći ljubav Božju i Hristovu ljubav zajedno.

Autor:

Dr. Džerok Li (Jaerock Lee)

Dr. Džerok Li je rođen u Muanu, Džeonam provinciji, Republika Koreja, 1943. god. U svojim dvadesetim, Dr. Li je sedam godina patio od mnoštva neizlječivih bolesti i iščekivao smrt bez nade za oporavak. Jednog dana u proljeće 1974. god, njegova sestra ga je odvela u crkvu i kad je kleknuo da se pomoli, Živi Bog ga je momentalno izliječio od svih bolesti.

Od trenutka kad je Dr. Li sreo živog Boga kroz to divno iskustvo, on je zavoleo Boga svim svojim srcem i iskrenošću, a u 1978. god., je pozvan da bude sluga Božji. Molio se revnosno uz nebrojene molitve u postu kako bi mogao jasno da razumije volju Božju, u potpunosti je ispuni i posluša Riječ Božju. Godine1982. je osnovao Manmin centralnu crkvu u Seulu, Koreja i bezbrojna djela Božja uključujući čudesna iscjeljenja, znaci i čuda se dešavaju u njegovoj crkvi.

U 1986. god. Dr. Li je zaređen za pastora na godišnjem Zasjedanju Isusove Sungkjul crkve Koreje, i četiri godine kasnije u 1990.god. njegove propovjedi su počele da se emituju u Australiji, Rusiji i na Filipinima. U kratkom vremenskom periodu i mnogim drugim zemljama je bio dostupan preko Radio difuzne kompanije Daleki Istok, Azija radio difuzne kompanije i Vašingtonskog hrišćanskog radio sistema.

Tri godine kasnije, 1993.god., Manmin centralna crkva je izabrana za jednu od "Svjetskih top 50 crkava" od strane magazina Hrišćanski svijet (Christian World) (SAD), a on je primio počasni doktorat bogoslovlja od Koledža hrišćanske vjere, Florida, SAD i 1996.god. iz Službe od Kingsvej teološke bogoslovije, Ajova, SAD.

Od 1993.god., dr. Li prednjači u svjetskoj evangelizaciji kroz mnogo inostranih pohoda u Tanzaniji, Argentini, Los Anđelesu, Baltimoru, Havajima i Nju Jorku u Sjedinjenim Američkim Državama, Ugandi, Japanu, Pakistanu, Keniji, Filipinima, Hondurasu, Indiji, Rusiji, Njemačkoj, Peruu, Demokratskoj Republici Kongo, Izraelu i Estoniji.

U 2002-oj godini bio je priznat od strane glavnih hrišćanskih novina kao „svjetski obnovitelj“ zbog svojih moćnih službovanja u mnogim prekomorskim pohodima. Naročito njegov „Pohod u Njujork 2006. god." održan u Medison skver gardenu (Madison Square Garden), najpoznatijoj areni na svijetu. Događaj je emitovan za 220 nacije a na njegovom „Ujedinjenom pohodu u Izrael 2009. god." održanom i Međunarodnom konvencionalnom centru (International Convention Center (ICC)) u Jerusalimu on je hrabro izjavio da je Isus Mesija i Spasitelj.

Njegove propovjedi emitovane su za 176 nacija putem satelita uključujući GCN TV i bio je svrstan kao jedan od „Top 10 najuticajnijih hrišćanskih vođa" 2009-e i 2010-e godine od strane popularnog Ruskog hrišćanskog časopisa U pobjedu (In Victory) i novinske agencije Hrišćanski telegraf (Christian Telegraph) za njegovu moćnu svješteničku službu TV emitovanja i njegove inostrane crkveno pastorske službe.

Od februar 2018.god., Manmin Centralna Crkva ima zajednicu od preko 130 000 članova. Postoji 11 000 ogranaka crkve širom planete uključujući 56 domaćih ogranaka crkve, i do sad više od 98 misionara su opunomoćena u 26 zemlje, uključujući Sjedinjene Države, Rusiju, Njemačku, Kanadu, Japan, Kinu, Francusku, Indiju, Keniju i mnoge druge.

Do datuma ovog izdanja Dr. Li je napisao 110 knjiga, uključujući bestselere: *Probanje vječnog života prije smrti, Moj život, moja vjera I i II, Poruka sa krsta, Mjera vjere, Raj I& II, Pakao, Probuđeni Izrael* i *Moć Božja.* Njegove knjige su prevedene na više od 76 jezika.

Njegove Hrišćanski rubrike se pojavljuju u *Hankok Ilbo, JongAng dnevniku, Dong-A Ilbo, Seul Šinmunu, Kjunghjang Šinmun, Korejski ekonomski dnevnik, Koreja glasnik, Šisa vesti* i *Hrišćanskoj štampi.*

Dr. Li je trenutno na čelu mnogih misionarskih organizacija i udruženja. U tu poziciju spadaju: Predsjedavajući, Ujedinjene svete crkve Isusa Hrista; stalni predsednik, Udruženje svjetske hrišćanske preporodne službe; osnivač i predsjednik odbora, Globalna hrišćanska mreža (GCN); osnivač i član odbora, Mreža svjetskih hrišćanskih lekara (WCDN); i osnivač i član odbora, Manmin internacionalna bogoslovija (MIS).

Raj I & II

Detaljna skica predivne životne okoline u kojoj rajski stanovnici uživaju i preljepi opisi različitih nivoa nebeskih kraljevstva.

Poruka sa Krsta

Moćna probuđujuća poruka za sve ljude koji su duhovno uspavani! U ovoj knjizi naći ćete razlog da je Isus jedini Spasitelj i iskrenu ljubav Božju.

Pakao

Iskrena poruka cijelom čovječanstvu od Boga, koji želi da čak ni jedna duša ne padne u dubine Pakla! Otkrićete nikad do sad otkriveni iskaz o okrutnoj stvarnosti Nižeg Hada i Pakla.

Duh, Duša i Tijelo I & II

Vodič koji nam daje duhovno objašnjenje duha, duše i tijela i pomaže nam da pronađemo kakvog „sebe“ smo mi načinili da bi mogli da dobijemo moć da pobjedimo mrak i postanemo duhovna osoba.

Mjera Vjere

Kakvo mjesto stanovanja, kruna i nagrade su spremne za vas u Raju? Ova knjiga obezbjeđuje mudrost i smjernice za vas da izmjerite vašu vjeru i gajite najbolju i najzreliju vjeru.

Probuđeni Izrael

Zašto Bog upire Svoje oči na Izrael od početka svijeta pa do današnjeg dana? Kakvo Njegovo proviđenje je spremljeno za Izrael u poslijednjim danima, koji očekuje Mesiju?

Moj život, Moja Vjera I & II

Najmirisnija duhovna aroma izvučena iz života koji je cvjetao sa neuporedivom ljubavlju za Boga, u sred crnih talasa, hladnih okova i najdubljeg očaja

---

Moć Božja

Obavezno-pročitati, koja služi kao suštinski vodič po kojem čovjek može posjedovati pravu vjeru i iskusiti čudesnu moć Božju.

www.ingramcontent.com/pod-product-compliance
Lightning Source LLC
LaVergne TN
LVHW101918220826
846093LV00009B/295

* 9 7 9 1 1 2 6 3 0 5 7 7 3 *